U0692627

参编人员 徐玲芬 陈晓敏 楼海燕

越瓷瑰宝

瓷之魂

章金焕 编著

浙江大学出版社
ZHEJIANG UNIVERSITY PRESS

导言

越窑是中国历史上著名的瓷窑，是中国青瓷的发祥地。在中华文明的历史长河中，瓷窑遍布全国各地，各类瓷器争奇斗艳、灿若晨星，而烧造历史最早，器物种类最多，窑场规模最大，影响最为深远的当首推越窑。越窑青瓷以其胎质细腻、造型典雅、青釉晶莹而著称于世。唐代诗人陆羽在《茶经》中评越瓷为天下第一瓷器。

越瓷品种丰富，种类齐全。它有日用器具碗、罐、盘、碟、钵、盆、盏，有酒具耳杯、扁壶、鸡首壶，茶具托盏，卫生用具熏炉、唾壶、虎子，照明用具灯盏，化妆用具粉盒、油盒，文房用具水盂、笔筒，其他还有造型惟妙惟肖的雕塑瓷，以及随葬冥器等等。这些造型别致、工艺精湛的越瓷瑰宝，涉及生活的每个角落、各个方面，包涵着本地区社会各阶层在千余年的历史发展演进中所积淀的理想信念、民风习俗、审美情趣和工艺传统，蕴藏着丰富的文化因子，具有鲜明的地方特色和浓郁的乡土气息。这些年代久远的历史文物，各自都有不同的用途和独特的器形演变过程，表露着各个时代不同的文化内涵，见证了越窑光辉灿烂的制瓷历史，也支撑了早期浙江青瓷烧造中心的历史地位。越窑青瓷已成为研究中国陶瓷发展史和浙江地区历史文化不可多得的实物资料，弥足珍贵。

时至今日，较专业、完整地向世人展现越窑青瓷演变过程的书籍一直鲜有问世，此为青瓷研究领域的一大遗憾。为此，作者在出版《瓷之源——上虞越窑》专著的基础上，再次出版这本越窑青瓷精品图录，藉此更直观地向陶瓷爱好者展现越窑青瓷的神韵魅力，旨在推动越窑青瓷文化的普及和研究热潮。

本书共收录部分具有代表性，较为常见的历代越瓷器图片 250 余帧，在编排形式上打破了一般古陶瓷图录较为简单的编排，以器物为类别，以年代为顺序，以图文并茂的形式把每一种器物的历史演变，时代特征淋漓尽致地展现在读者面前，读者可充分领略到青瓷文化的赏心悦目、典雅秀美，帮助识别越窑青瓷的时代特征，提升越窑青瓷的欣赏和鉴别能力。

章金焕

2008 年秋于上虞市锦绣家园聚宝阁

目录

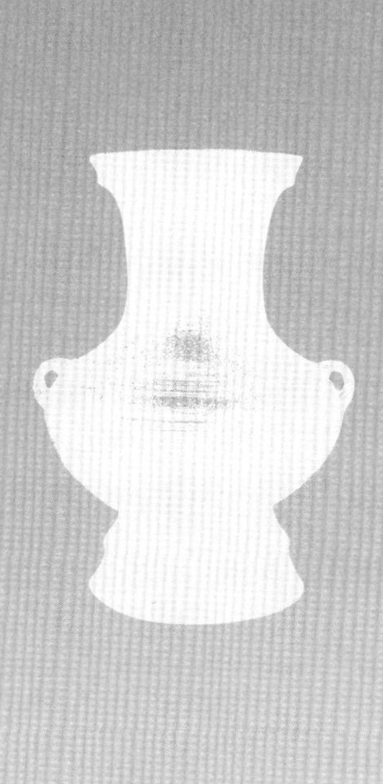

一、钟

钟是古代盛酒的器皿。《说文》：钟，酒器也。也有认为是古代容量单位，春秋时齐国公室的公量，合六斛四斗，之后亦有合八斛及十斛之制。齐旧四量：豆、区、釜、钟……釜十则钟。《左传·昭公三年》。

东汉·青瓷钟

高34.9厘米，口径20.6厘米。钟为盘口，扁圆腹，高圈足，肩部饰瓦纹和水波纹。

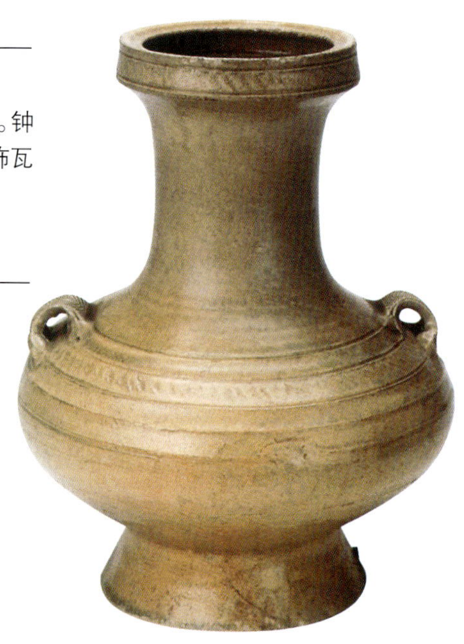

东汉·黑瓷钟

高33.8厘米，口径16.2厘米，底径17.3厘米，腹23.4厘米。盘口，粗短颈，扁圆腹，喇叭形圈足。肩部置对称的环形耳，耳面印杉叶纹。通体施黑釉。

东汉 · 青瓷钟 003

高33.5厘米，盘口，粗颈，斜肩，扁圆腹，喇叭形足，肩部置对称的半环耳，耳面饰杉叶纹，施黑釉。

004　东汉·青瓷钟

高31厘米，口径15厘米，足径14.2厘米。盘口，粗颈，斜肩，扁圆腹，喇叭足，肩部置对称的半耳环，耳面饰杉叶纹。施青黄釉。

二、五管瓶

五管瓶，亦称五联罐、塔式罐。其用途与性质目前学术界观点不一，有的认为是象征五谷丰登的冥器。也有学者认为这种器物应称塔式罐，是一种带有佛教意义的冥器。它的器形演变是，东汉早中期，器形矮胖。到了东汉中期以后，器身增高显秀长，到了东汉中晚期，器物的颈肩部堆塑人物、禽兽、爬虫之类的饰物。这类五管瓶碎片在上虞上浦渔家渡汉代窑址中常可见到。

006 东汉·青瓷五管瓶

高 29 厘米。器呈二次束腰的葫芦状，上层置五联罐，中管粗大，与本体相通，四小罐贴瓶周围，罐体为斜肩、硕腹、喇叭足，肩腹部划二道凹弦纹，每道三条。施薄薄的青釉。

东汉·褐釉五管瓶 007

高49厘米。器形呈两次束腰的葫芦状，直口，方唇，长颈，平底，中管大而高，直通本体底，外围直立小于中管的四小管，与器腹不相贯通。肩部和上腹堆塑爬虫和熊兽之类的动物形状。施酱黄色。

008 三国·青瓷堆塑五管瓶

高42.3厘米，口径7.5厘米，底径16厘米。器物上层置五联罐，中罐较大，与本体相通，四小罐贴附于中罐四周，其间及下方堆塑形貌不同的胡人。施青绿色釉，釉不及底，器上半部釉面滋润光洁，下半部无釉处呈火石红色。

三国·青瓷堆塑五管瓶

高42.2厘米。器物上层置五联罐，中罐较大，与本体相通，四小罐贴附于中罐四周，其间及下方堆塑形貌不同的胡人、飞鸽、犬、熊、爬虫等飞禽走兽。施青绿色釉，釉不及底，器上半部釉面滋润光洁，下半部无釉处呈火石红色。

010 三国·青瓷堆塑五管瓶

高42.3厘米。器物上层置五联罐，中罐较大，与本体相通，四小罐贴附于中罐四周，其间及下方堆塑形貌不同的胡人、爬虫等。施青绿色釉，釉不及底，器上半部釉面滋润光洁。

011

三国·青瓷堆塑五管瓶

高41厘米。罐体以盘口为界,分成上下两部分，上部为五联罐，中罐较大，与本体相通，四小罐附于四周，正面塑三层式楼阁，罐周围塑飞鸟、走兽、胡人。盘口下部罐体为溜肩,弧腹,平底。通体施青灰釉。

012　东汉·青瓷九管瓶

高56.8厘米。器为三节葫芦形，节腹上，各饰弦纹数道。顶部正中和四周共置直立盘口小壶五个，正中的壶较高大，壶间贴小鸟各一双。中节罐体四周，饰微向外斜盘口小壶四个，位置与上节小壶相间，壶间堆塑坐熊四只，坐熊下方各贴小鸟两只，共八只。下节罐肩部间隔堆贴熊、龟、鱼、鸟等动物。施淡青色釉，釉不及底。

三、堆塑罐

堆塑罐，俗称谷仓罐、魂瓶，也有学者称之为佛寺罐。是一种专门用于随葬的冥器，它由五管瓶演变而来。早期的五管瓶，形状像个矮胖的葫芦，扁圆腹，假圈足，罐的上半部装五个盘口壶状的小罐，中罐较高，周围四小罐较矮。到了东汉晚期，器形增高，像个两次束腰的长葫芦，其造型为：直口、方唇、长颈、平底，外围直立四小罐，中罐大而高直通器底，四小罐较矮小，与器腹不相贯通。肩部和上腹堆塑爬虫和熊兽之类的形状。进入孙吴时期，器形发生了重大变化，罐的中间以凸棱盘为界，可分上下两个部分，下部为罐，上部虽然五只罐还继续存在，但堆塑物已明显增加，中罐扩大，四小罐缩小，并开始出现吹打乐器和耍杂技的人物俑，以及宫殿式建筑物。到西晋时期，四小罐被亭台楼阁、门阙和其他各种堆塑物所淹没，并且上面还出现了盖顶。堆塑物内容丰富，造型别致，有的是反映高大宏伟的建筑，有的是抚琴吹箫，表演杂技的人物俑，有的则是盘腿静坐，双手作揖，头戴尖顶或平顶帽、突目、高鼻、多须的胡人俑；还有的是头饰螺发肉髻，有头光或背光，作全跏趺坐式的佛像等等。有的堆塑罐上，还有堆塑龟趺碑。碑铭均系划写的阴文，记载制造的年月、产地以及吉祥语。如余姚市和平阳县出土的二件堆塑罐，分别刻划着“元康四年九月九日（造）囗州会稽”和“元康元年八月二日（造）会稽上虞”。绍兴南池出土的一件堆塑罐，龟碑上阴刻三行直书的文字：“会稽出始宁，用此灵，宜子孙，作吏高迁，众无极”数字。到了东晋以后，这种堆塑罐突然消失。

014 西晋·青瓷堆塑罐

高 43.5 厘米，底径 15.4 厘米。器身为腰沿罐，口部覆盖，盖底方形，上塑一组建筑物。腰沿上堆塑为二层，中为筒状颈，周围塑拱手跪姿的胡人俑，展翅雀跃的飞鸟，以及门阙等建筑物。罐体为溜肩，弧腹，平底，肩腹部划弦纹，罐身上贴附蛙头、铺兽、骑兽俑、舞蹈俑。纹饰内容丰富，制作精良，施青黄色釉。

西晋（太熙元年）· 青瓷堆塑罐

通高 54.8 厘米。器身呈腰沿罐状，口部覆盖，盖底方形，上塑一组建筑。腰沿上堆塑分两层，上层中为筒状颈，四角各设一小罐，周围堆塑佛像、飞鸟；下层设门楼（阙），周围塑吹奏、弹琴、拱手跪姿的人物，其间有一龟趺碑，碑上划“太熙元年”铭文。罐体为溜肩，弧腹，平底内凹，肩腹部戳印八圈联珠纹，联珠纹间印网格纹。肩腹处堆塑跪状熊、铺兽、骑士以及龟、蟹之类的水族纹饰。施青釉，制作精良。

016　西晋（天纪元年）· 青瓷堆塑罐

高 45.5 厘米。罐盖顶部呈方形，中心为一亭形盖钮，四角各一蹲兽。罐上层四角各置一小罐；每面各有二飞鸟；其下一层正面开门，门上有弧形屋檐，两旁置门阙，周围塑十个捧物跪俑。罐腹部印一周装饰纹带，均匀分布三个铺兽衔环和十五个神人麒麟纹。通体施青黄釉，釉不及底。

西晋·青瓷堆塑罐 017

口径 13.4 厘米，底径 14.3 厘米，通高 50 厘米。器身为一筒状腰沿罐，口部覆盖，盖底呈方形，上塑一组建筑。腰沿上部为两节筒状颈，上节四角各设一小罐，罐沿栖息成群飞鸟，间饰佛像与瑞兽。下节四角各设一柱，形成四区，前区设门楼，顶有窗棂，后区正中竖一龟趺碑，上刻“元康元年八月二日造会稽□□”款。四区均塑深目高鼻的侍卫及宴饮、舞乐及胡人形象。腰沿下到腹部贴饰猴、辟邪、仙人骑马、朱雀等。

018　西晋·青瓷堆塑罐

通高47厘米。器物以腰缘为界分成上下两部分。上部五联罐为中心，中罐较大，上方四周贴小罐四个，罐四周堆塑飞禽走兽，人物以及楼层，门楼，院墙等建筑。顶部置盖，盖上四角置乌堡门楼等建筑。下部为罐体，罐溜肩，平底，肩腹部贴羽人神兽，熊、龟、蛇、鱼、蟹、爬虫等。通体施青釉。此类器形及花纹装饰，具有西晋时期特征。

西晋·青瓷堆塑罐

高44厘米。器物呈腰沿罐状，口沿覆盖，盖底方形。粗壮颈，四角附四小罐，其周围堆塑门楼，展翅飞鸟，走兽。盖顶置二层建筑，上层四角各置一门阙，其周围堆塑展翅飞鸟。罐体为溜肩，弧腹，平底，腹部贴铺兽衔环，神人、神兽等纹饰。施青黄釉。

020 西晋・青瓷堆塑罐

高41.2厘米。盖呈方形顶状。正背面堆塑熊柱楼阁，上层四角置四个小罐，其间各塑三只飞鸟。下层正面立双阙，两侧各塑三尊模印佛像。器表施青釉，局部开冰裂纹，底部无釉，呈火石红色。

四、罂

罂，俗称盘口壶，因形状似壶，上置盘口，故名。20世纪50年代以来，各地陆续发现了几件刻铭自名的器物：浙江嵊州市（嵊县）出土的一件罂，器上刻“元和拾肆年四月一日造此罂，价值一千文”；余姚市上林湖东岙南山脚掘得一件刻有“维唐故大中四年……故记此罂”。从上可知，这类盘口壶本名为罂。关于罂的记载，最早见于汉代文献，《汉书·赵广汉传》：“椎破卢罂。”《汉书》颜师古注：“瓨，长颈罂也。”目前，浙江文物工作者对这类器物的称谓，有的继续通称盘口壶；有的通称罂；有的则把唐以前的称盘口壶，唐代以后的称罂，称谓很不统一。罂的器形变化是：三国时，盘口和底都较小，上腹鼓突，重心在上部；西晋时期，腹径减小，底径比例增大，最大腹径在中部，重心下移；东晋以后，盘口加大，颈增高，各部位比例较协调，造型优美，线条柔和；到了南朝，底径比例缩小，器形更显修长；唐朝时期，盘口继续加大，有头重脚轻之感，有的器物的颈肩部还堆贴龙塑，俗称蟠龙罂。上虞龙浦唐代窑址出土的蟠龙罂，器形为喇叭口颈，颈部堆贴龙塑，龙体由宽扁状泥条捏塑而成，用手指压捺出鳞片纹，背置龙鳍，身下划三足，肩部等距离地附四个扁圆直耳，紧紧贴在颈部。上虞丰惠后山唐乾符六年墓出土的蟠龙罂，制作精细，造型优美，设计造型到了惟妙惟俏、栩栩如生的地步。

三国·青瓷罍

浅盘口，粗短颈，斜肩，弧折腹，平底内凹，肩部置四横耳，饰凹弦纹和两条凸棱，印花蕊纹，贴神兽数个。施青灰釉。

西晋·青瓷罍

高13.9厘米。浅盘口，粗短颈，溜肩，圆腹，平底。肩部等距离置四横耳，肩部戳印二道花蕊纹带，上下两纹带间饰网格纹和弦纹。施青灰釉。

西晋·青瓷罂

高 23.7 厘米。盘口，短颈，溜肩，弧腹，平底微内凹，肩部置对称的双耳。施青灰釉。

024 **西晋·青瓷罂**

高27.5厘米。盘口，筒颈，丰肩，圆腹，腹弧收，平底微内凹。肩置对称叶脉纹双复耳，贴对称铺兽衔环。其间饰弦纹、联珠纹、斜方格纹。施青黄釉。

西晋·青瓷四耳罂

高24.6厘米。盘口，束颈，折肩，直腹，平底微内凹。肩部印斜方格纹一周，贴四横系并间以四模印铺兽衔环。通体施润泽匀净的淡青釉，底部无釉。

东晋・青瓷罂

高27.4厘米。浅盘口，粗短颈，斜肩，弧折腹，平底微内凹。肩部等距离地附四横耳，贴对称的铺兽衔环，肩腹饰二道凸棱，划凹弦纹。施青灰釉。

026 东晋·青瓷鱼篓形罂

高 16.2 厘米，口径 11.2 厘米，底 13.4 厘米。浅盘口，粗短颈，斜肩，垂腹，宽平底微内凹。肩部划弦纹，附四圆条形耳。施青黄釉。

东晋·青瓷罍

高16厘米。浅盘口，粗短颈，斜肩，垂腹，宽平底微内凹。肩部划弦纹，附四圆条形耳。施青灰釉。

东晋·青瓷四耳罍

高 20.1 厘米，口径 12.7 厘米，腹 18.3 厘米。盘口，喇叭颈，斜肩，折腹，平底微内凹。肩部置对称的四横耳，两横耳间贴对称的竖耳。施青釉，釉面滋润。

东晋·青瓷褐彩罂

高22厘米。盘口，喇叭颈，溜肩，弧腹，平底微内凹。肩部置对称的直条耳划二道弦纹，口沿下点四褐彩。施青釉。

南朝·青瓷双复系罂

高36.8厘米。盘口，细长颈，溜肩，弧腹，平底微内凹。肩部置对称的双复耳，器形秀长。施青灰釉。其修长的器形及简朴的装饰风格具有南朝越瓷器特征。

隋·青瓷双复系罂

029

高34.8厘米。盘口，口沿外翻，橄榄状腹，平底微凹，肩部置对称的双复耳。施青黄釉。其器形具有典型的隋代越瓷器风格特征。

030　唐·青瓷双复系罍

高26.5厘米。盘口，口沿微外翻，粗短颈，溜肩，圆鼓腹，平底微内凹，颈肩部置对称的圆环状双复耳。施青灰釉。

唐·青瓷褐彩如意云纹罂

031

高66厘米，口径19.8厘米。盘口，长颈，椭圆形腹，底置圈足，圈足外撇，上置盖，盖呈半球形，顶置宝珠钮，钮下托一卷边荷叶。盖面及器身绘釉上褐彩如意云纹。施青黄釉，它是绝无仅有的越瓷瑰宝。

032 唐·青瓷蟠龙罂

口径 20.7 厘米，高 41 厘米，底径 11.3 厘米。大盘口，喇叭形颈，溜肩，圆鼓腹，平底。颈肩部附四个对称的双股鋬，环颈部塑一条腾空的三爪龙。头长四角，张牙咧嘴，龙体扁平，上有捺压出的鳞片，背脊上贴附鳍。龙身脚踩祥云，龙尾卷曲，贴附于罂的肩部。施青黄釉，釉面光滑滋润。

东晋·青瓷罂

高 25.3 厘米，口径 13.7 厘米，底径 11.5 厘米。盘口，喇叭颈，溜肩，弧腹，平底微内凹，肩部附双耳，施青灰釉。

034 **西晋·青瓷罂**

高 17.9 厘米，口径 10.7 厘米，底径 7.3 厘米。盘口，短颈，溜肩，弧腹，平底微内凹，施青灰釉。

五、簋

簋是中国古代食器，用以盛黍、稷、稻、粱等食物。多为青铜质或陶瓷质。盛行于商周时期，一般为圆腹，侈口，圈足。考古发现的商周簋往往与鼎成组相配，它是作为标志贵族等级身份的礼器。越窑在东汉时期已烧造这种器型，在汉晋墓葬中青瓷簋和黑瓷簋均有出土。

西晋·青瓷簋

高 9.2 厘米，口径 18 厘米，底径 12 厘米。

西晋·青瓷簋

高 11 厘米，口径 18 厘米。敛口，弧腹，撇足。口沿下划弦纹，戳印花蕊纹，内底划水波，太阳纹。施青釉，釉色青灰泛黄。其器形及纹饰具有西晋越瓷器特征。

西晋（天纪元年）·青瓷簋

口径21厘米，高11厘米。器为侈口，弧腹，圈足较高，呈覆钵形。腹部贴塑二铺兽衔环，并饰五道弦纹，半圈连珠纹及一周水草纹。圈足近底处饰二道弦纹，内底饰弦纹及水波纹各三周。施青黄釉。

038 西晋·青瓷簋

口径11.5厘米，腹22厘米，高13.1厘米。敛口，扁圆腹，喇叭足。肩腹部划三道弦纹，上下弦纹间戳印棱格纹，划直格纹。施青黄釉。花纹装饰具有典型的西晋越瓷器特征。

六、碗

碗是人们日常生活中不可缺少的一种饮食器具。出现时间之早，延续时间之长，烧制数量之多，是其他任何器类所远远不能比及的。并且各个朝代生产的碗，都有其各自的特征。东汉时期越窑生产的碗，其器形为圆唇、敛口、弧腹、假圈足。三国西晋时期，器形为圆唇、敛口、浅鼓腹、小平底微内凹，口沿外壁常饰弦纹和压印网格纹、戳印连珠纹。东晋时期，器形为圆唇、口微侈、腹壁弧收至底，底置宽大的饼足。口沿下常饰宽弦纹一道，外底划凹弦纹一圈。南朝时，器形为敛口、深腹、底置小饼足，碗的内底常常刻划莲瓣纹作装饰。唐五代时，碗的种类有四：（1）平唇、口近直、下腹折收、平底；（2）圆唇、侈口、腹壁弧收、底部置宽矮的圈足；（3）敞口，斜直腹、底置矮圈足，也有的底成璧状，俗称玉璧底；（4）敞口、口沿外翻、浅腹，圈足外撇。宋代出现敞口荷花碗和敛口深腹碗等等。

三国·青瓷碗

高 3.6 厘米，口径 10 厘米，底径 5 厘米。圆唇，敛口，弧腹，小平底内凹。施青黄釉，其器形具有典型的三国越瓷器特征。

西晋·青瓷碗

高 5.6 厘米。圆唇，口沿微侈，上腹弧直，下腹斜收，平底内凹，口沿下划二道凹弦纹，饰网格纹带。施青灰釉。

东晋·青瓷碗

高5.9厘米。直口，深腹，饼足，口沿下划二道凹弦纹。施青灰釉，釉色青灰泛黄。

南朝·青瓷莲瓣纹碗

高6.4厘米。直口微敛，深腹，直圈足，口沿下划三道凹弦纹，外壁划复线仰莲纹。施青黄釉。器形及莲瓣具有典型的南朝越瓷器特征。

042 唐·青瓷瓜棱碗

高7.5厘米，口径13.5厘米。器呈荷花形，敞口，深腹，腹下收，圈足内凹，内底饰一道弦纹，外壁压印凹线，胎灰白色，质坚硬。通体施青黄色釉，釉色匀称光亮。

唐·青瓷海棠碗

高10.8厘米。口呈花口状，花口下压凹线作瓜棱纹，底置外撇的底圈足。施青黄釉，器形、瓜棱纹、釉色均具有唐代越瓷器特征。

唐（天复元年）·“秘色瓷”花口碗

口径16.7厘米，高8.5厘米。敞口，弧腹，五瓣花口，圈足，整体似一朵盛开的荷花，具有典型的晚唐风格，是珍贵的越窑“秘色瓷”。

五代·青瓷葵口碗

高4.8厘米，口径13.8厘米，足径6.5厘米。敞口，翻沿，弧腹，矮圈足，圈足微外撇，腹壁压五条凹线，内底有一圈凹弦纹。施青黄釉。

044 唐·青瓷玉璧底碗

高5厘米，口径14.6厘米。敞口，浅腹，腹壁斜直，玉璧底。施青灰釉，釉不及底，灰白胎，质坚硬，内底留有泥点痕迹。敞口、璧形底器形特征是典型的唐代越瓷器风格。

北宋·青瓷刻花牡丹盖碗 045

高 11 厘米。直口，深腹，高圈足。口沿下划凹弦纹，刻划垂瓣牡丹纹。盖呈帽状，沿微上卷，盖顶置钮，盖面刻划牡丹纹。通体施青灰釉，器形、纹饰、装饰风格具有北宋越瓷器特征。

046 南朝·青瓷刻莲瓣纹盘

高3.1厘米，口径15厘米。圆唇，敛口，斜腹壁，矮饼足。托盘盘面浅坦内底下凹，盘内划九瓣复线莲瓣纹，盘中戳印六颗圆珠作莲心，形状酷似一朵盛开的荷花。通体施青釉。

七、罐

罐，贮盛器，是越窑主要产品之一。罐的品种丰富，器形具全，每个朝代的罐各有各的器形风格和特征。东汉时期，罐的器形为尖唇、直口、高领、鼓腹、平底。肩部划水波纹、弦纹作装饰，器表施青绿色釉为主，也有施青黄釉的。三国时期，罐的器形为圆唇、直口、广肩、扁圆腹，肩部附对称的双耳，器表划密集的细弦纹，这种罐在上虞孙吴时期的窑址和墓葬中常可见到。西晋时期，罐的器形以方唇、短颈、丰肩、弧腹、内凹平底、肩部贴双复系为特征。另外，上虞越窑还生产一种双唇、溜肩、鼓腹、平底内凹、肩部附对称双复系的罐，这种罐俗称泡菜罐或双唇罐。除上外。其他还有一种罐，其肩部一面贴鸡头，另一面附鸡尾，头与尾的间隔部贴对称的双耳和衔环铺兽，人们根据装饰的特点，称之为鸡首罐。西晋末至东晋，越窑生产一种筒腹罐，其器形为浅盘口、短颈、斜肩、直筒形腹，其肩部拍印一圈网格和花芯纹带，并等距离地附四横耳，这种器物较少见。南朝时期，罐的器形特征是：罐的重心在上部，肩部附四只桥形耳，并且耳的位置紧靠口颈部位。到了唐五代时期，上虞越窑烧制出圆唇、侈口、溜肩、平底、肩部附杏形耳的罐，或敞口、翻沿、弧腹、平底的大口罐。上浦黄蛇山窑场还新生产出一种翻沿、短颈、溜肩、弧腹、底置矮圈足、腹部压印四条凹线作瓜棱纹的瓜棱罐等等。总之，唐五代时期生产的罐，式样比前朝新颖，品种也更丰富。宋代，罐的器形由大向小发展，出现敛口、圆腹，撇足的罐，有的罐的上面还置盖，一般称之为盖罐。宋代的罐，外壁往往刻划牡丹、荷花、菊花以及蝴蝶、鹦鹉、鸳鸯等纹样。

048　东汉·青瓷四耳罐

高 19.8 厘米，口径 10.5 厘米，底径 11.8 厘米。直口，高颈，斜肩，肩有棱，鼓腹，下腹斜收至底，平底。肩部置对称的环形四耳，肩部划弦纹和水波纹。施青釉，釉色纯正，釉不及底，釉面光洁釉色滋润，是东汉成熟瓷的代表器之一。

东汉·酱黄釉盘口双耳罐

高13.2厘米。圆唇，口微敞，斜肩，弧腹，平底。肩部置环耳，耳面向叶脉纹。施酱黄釉。其器形、纹饰、釉色具有东汉越瓷器风格。

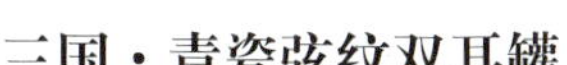

三国·青瓷弦纹双耳罐

高16.8厘米，口径18.3厘米，底径15.7厘米。圆唇，敛口，溜肩，鼓腹，腹下部内收，至近底处外撇，平底。肩部贴附扁条形双耳，肩部饰一周水波纹，肩腹部饰细密弦纹。施青黄釉。

三国·青瓷双耳罐

高8.6厘米，口径7.9厘米，底径6.4厘米，腹径13.4厘米。直口，高领，溜肩，下腹斜收，平底微内凹。肩部置对称的环耳，划二道弦纹。施青黄釉。其器形具有三国时期越瓷器特征。

三国·青瓷虎头罐

口径13厘米，高21厘米。短直颈微束，鼓腹，平底，微内凹。肩部饰弦纹四道，上贴塑虎头和虎尾，惜虎尾已断，相对两侧置竖叶纹系。虎头五官清晰，竖耳，张嘴鼓眼，鼻孔上翻，獠牙外露。造型生动，深具神韵。施青釉。

三国（吴永安二年）·青瓷双唇罐

外口径18.3厘米，内口径10.8厘米，高23.7厘米。双口沿，溜肩，弧腹，平底。肩部划两道弦纹，弦纹间饰网格纹，贴铺兽衔环，置对称的横耳。

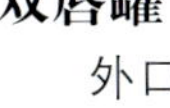

西晋·青瓷鸟钮盖罐

高5.8厘米，口径5厘米。器呈扁圆形，器身作母口，盖作子口，两者吻合。罐，敛口，扁圆腹，底部置圈足，圈足稍外撇，肩部置对称的环状耳四个，肩腹部印棱格纹。盖呈伞状，一对贴面贴胸的小鸟作钮，造型别致，灰白胎。施青灰色釉。

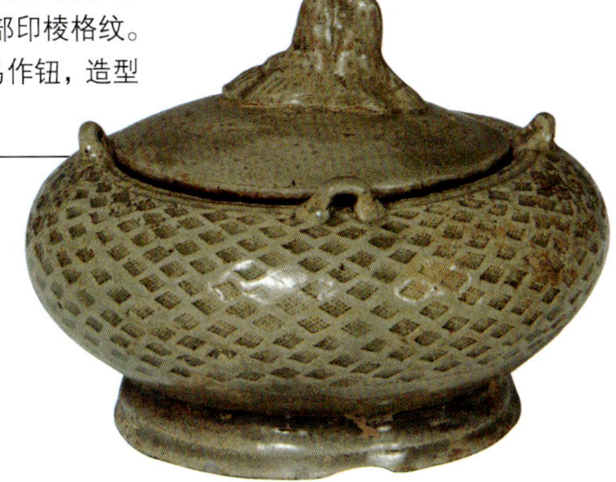

052 **西晋·青瓷四耳罐**

高8.5厘米，口径7.8厘米，底径6厘米。直口，高领，宽肩，硕腹，平底内凹。肩部等距离贴四横耳，印网棱格纹带。纹带上、下方划弦纹。施青灰釉，其器形及纹饰具有西晋越瓷器特征。

西晋·青瓷四耳罐

高20.6厘米。直口为外侈，溜肩，硕腹，小平底微内凹。肩部等距离贴四横耳，耳之间贴神兽骑士等纹饰。施青黄釉，纹饰具有西晋越瓷特征。

西晋·青瓷双复耳罐

口径8.8厘米，底径7厘米，高11.5厘米。直口，短颈，弧腹，腹下部渐收至底，平底内凹。肩部饰一周方格纹带及三周凹弦纹，肩两侧贴双复系，系面刻划叶脉纹，另两面为铺兽衔环。釉面光滑，器形、纹饰时代特征十分明显。

西晋·青瓷双耳罐

高 17.1 厘米。平唇，直口，溜肩，弧腹，平底内凹，肩部饰网格纹带及二道凹弦纹，肩两侧贴环耳，耳面划叶脉纹。施青黄釉，其器形及纹饰具有西晋越瓷器特征。

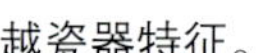

西晋（永嘉七年）·青瓷双耳盖罐

口径 8.8 厘米，底径 7 厘米，高 11.5 厘米。罐身矮胖，敛口，鼓腹，假圈足。肩部置对称双耳，肩腹部饰细密凸弦纹。上置盖，盖面弧凸，顶置环耳，盖与罐口，以子母扣合。施青绿釉，置物形状及纹饰具有西晋特征。

西晋·青瓷四耳罐

高 12.8 厘米。平唇直口，宽肩，硕腹，小平底微内凹。肩部等距离贴四横耳，印网格纹带，纹带上、下方划弦纹。施青釉，其器形和纹饰具有西晋越瓷器特征。

东晋·青瓷褐彩四耳罐

高 19.5 厘米。直口，溜肩，上腹圆腹，下腹弧腹，平底微内凹。肩部划数道弦纹，等距离贴饰四桥形耳，并间的四个铺兽衔环。施青釉，耳及口部点褐彩。其器形及弦纹点彩装饰具有东晋越国瓷器特征。

056 南朝·青瓷四耳罐

高23.3厘米。直口微腹，溜肩，弧腹，小平底微凹。肩部等距离贴四只桥形器，划数道弦纹。施青灰釉，其器形及桥形具有南朝越瓷器特征。

唐朝·青瓷双耳罐

口径7.2厘米，底径6.2厘米，高16.5厘米。直口微侈，椭圆腹，平底。腹部压瓜棱纹。颈肩部贴对称的双耳。施青黄釉，其器形及釉色具有典型的唐代越瓷器特征。

唐朝 · 青瓷双耳罐

高 7.2 厘米。

唐 · 青瓷双耳罐

高 12.4 厘米。直口，平肩，垂腹，圈足外撇。肩腹部贴对称的双耳。施青黄釉，其器形及釉色具有唐代越瓷器特征。

058 **唐朝·“秘色瓷”瓜棱盖罐**

高15.6厘米，口径4厘米，底径6.6厘米。葫芦形盖，宝珠钮，盖为母口，罐口为子口。四瓣瓜棱形深腹。圈足较厚，为外撇。肩部两侧置三股泥条小圆系。通体施青绿色釉，釉色莹润如玉。造型优美，是件不可多得的越瓷珍品。

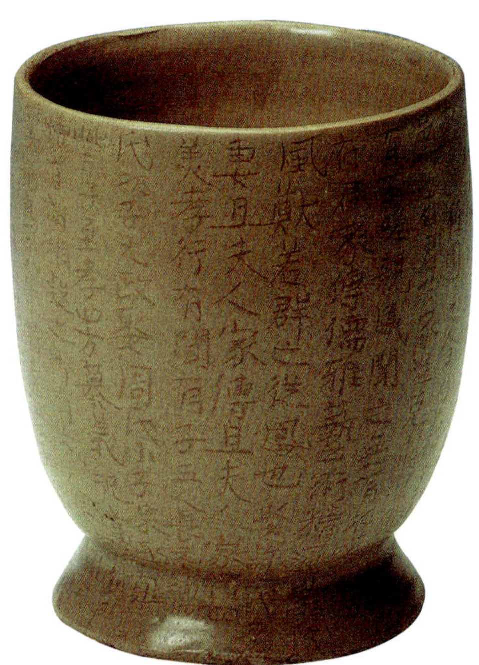

唐·青瓷墓志罐

高14厘米。背腹微鼓，底置圈点，圈足外撇，圆唇直口。通体施青黄釉。

五代·青瓷“官“字款罐

高29厘米。口沿外卷，短颈，斜肩，弧腹，平底微内凹，肩部贴对称的横耳，一耳下划“官”字。施青黄釉，其器形具有唐代越瓷器特征。

唐朝·青瓷四耳罐

口径11.2厘米，底径9厘米，高29.5厘米。口外翻，矮颈，溜肩，弧腹，平底微内凹。肩部等距离置四横耳。施青黄釉，釉不及底。器形具有唐代越瓷特征。

060 唐朝·青瓷多角罐

高29厘米。直口，溜肩。腹部作上下三束腰，凸腹处附朝下的锥形角，每周四只。器口置盖。通体施青黄色釉，釉层滋润。其器形及装饰具有典型的唐代越瓷器风格。

唐·青瓷盖罐

高7.1厘米，口径3.4厘米，底径4.1厘米，腹径6.7厘米。敛口，球形腹，低直圈足。上置盖，盖面鼓圆形盖钮。施青黄釉，器形具有唐代越瓷器风格。

五代·青瓷橄榄形罐

口径7.6厘米，底径6.3厘米，高18.5厘米。圆口，斜颈，橄榄形长腹，平底。颈肩部置对称的圆条耳，腹部置双线凸棱分成四等分。施青釉。

五代·青瓷莲瓣纹盖罐

高9.8厘米。上置盖，敛口，球腹形。底置外撇口圈足，口沿下划三道弦纹，腹部刻划莲瓣纹。施青黄釉。其器物状造及花纹装饰具有五代越瓷器的特征。

五代·青瓷蕉叶纹圈足罐

口径6.2厘米，底径6.2厘米，高9厘米。敛口，球腹形，底置外撇口圈足。口沿下划三道弦纹，腹部刻划焦叶纹，施青黄釉。其器物状造及花纹装饰具有五代越瓷器的特征。

北宋·青瓷罐

高9.6厘米，口径6.5厘米，腹径11.3厘米，底径6.1厘米。敛口，球形腹，圈足外撇，腹部饰双线凸棱四道，划花卉纹。施青黄釉。其器形与纹饰具有北京早期越瓷器的特征。

八、钵

洗涤或盛放东西的器具，最早是用粘土制成的陶钵。钵的器形多种多样，有敛口、弧腹的钵，又有敞口、斜直腹的钵，是越窑中出现时间最早、烧制时间最长、烧造数量最多的器物种类之一。

三国·青瓷钵

高 9 厘米，口径 20.4 厘米，底径 11.4 厘米。敛口，弧腹，平底，施青黄釉。其器形具有三国时期越瓷器特征。

西晋·青瓷钵

高 10.5 厘米，口径 26 厘米，底径 16.3 厘米。敛口，斜弧腹，平底。口沿下划二道凹弦纹，贴三个等距离铺兽衔环。外壁近底处划一道弦纹，饼足。施青黄釉，釉色滋润光亮，釉不及底。

西晋·青瓷钵

高9.6厘米。敛口，上弧腹，下腹近直，平底，口沿下饰联珠纹，施青黄釉。器形具有西晋越瓷器特征。

西晋·青瓷钵

口径20.5厘米，高9.2厘米。侈口，直腹，平底。近口沿下置凸棱三条，上腹近直，下腹弧纹至底，底微内凹。通体施青黄釉。器形及纹饰具有典型的西晋越瓷器特征。

066 **西晋·青瓷钵**

口径 19 厘米，底径 13.7 厘米，高7.9厘米，平唇，敞口，斜直腹壁，平底。口沿下划凹弦纹，下方置凸棱一道，下印网格纹，施青釉。其器形及装饰具有西晋时期的特征。

西晋·青瓷钵

口径18厘米，高8.6厘米，底12厘米。圆唇，敛口，弧腹，平底，口沿下饰二道凹弦纹，凹弦纹间饰一周网格纹。施青灰釉。

西晋·青瓷钵

口径16厘米，高7.5厘米。敞口，斜直腹壁，平底。口沿下饰凹弦纹。施青黄釉。器形具有西晋越瓷器的风格。

068 **东晋·青瓷钵**

高10.2厘米，口径25.6厘米，底径15.31厘米。平唇，口微外敞，弧腹，低饼足。口沿下划一道弦纹，施青黄釉。唇面有泥点痕，其器形、弦纹、有泥点痕迹的特征。具有东晋时期越瓷器的特征。

东晋·青瓷钵

口径19.5厘米，高8.7厘米，底11.5厘米。圆唇，侈口，直腹，近底处内收，低饼足。口沿下饰一道凹弦纹。施青黄釉。器形及简朴的纹饰具有东晋越瓷器特征。

西晋时期钵的花纹装饰

九、扁壶

扁壶，系盛酒和装水器，新石器时代已出现陶制品，汉晋时期称“坤”，宋代以来才称扁壶。《博古图》云：“形制特匾，故因其形而名之”，至今不变。据目前考古资料，越窑生产扁壶则首创于西晋。

070 西晋·青瓷“渔浦”扁壶

高 23.2 厘米，口径 6.3 厘米。圆唇，直口，溜肩，扁圆腹，圈足。肩腹处贴附对称的兽耳，两腹各划“紫渔浦七也”、“紫（此）是会稽上虞范可休作坤者也”等铭文。

西晋·青瓷扁壶

高 12.7 厘米，口径 3 厘米。器形为圆口，扁圆腹，扁圆高圈足，两侧各装三横耳，肩部拍印棱格纹、戳印连珠纹、肩腹部贴铺兽衔环、腹部划飞鸟和奔兔、足底划“先姑坤一枚”五字。器物制作精良，造型优美，器形及纹饰时代特征十分明显。

十、灯

灯，我国古代照明用具。品种丰富，质地多样，其中以陶瓷制品最为普遍。油灯的基本造型是由油盏、灯柱和承盘三部分构成。上虞出土的东汉熊灯，灯柱和承盘做成熊形，熊头顶置油盏，前肢捧物，作进食状，在油盏上写“吉祥”两字。通体施酱褐色釉。它不但是照明的实用器具，而且还是一件辟邪的吉祥物。到三国西晋时，油灯的承盘下附三兽形足，有的灯柱上堆塑裸体人像（见73页照片），这是人体艺术在越瓷中的反映。东晋南朝时，油灯纹饰简单，只在圆筒形的灯柱上饰几道凸弦纹，有的承盘下置兽蹄形三足。到了唐代，油灯造型极为简朴，油灯无灯柱和承盘，只有敞口，浅腹的油盏，盏内安环形提梁，作照明时提取用。陶瓷制品的油灯到宋元明清时还继续烧制。

西晋·青瓷三足灯盏

高12.5厘米，口径10.2厘米，底径15.2厘米。器物由油盏、灯柱、承盘三部分组成。油盏与承盘由灯柱连接，烧结在一起。油盏，碗形，平唇，弧腹，平底，腹外壁划三道弦纹。承盘，平唇，斜直腹壁，平底，唇面饰网格纹，底下置三兽足。灯柱为上细下粗的喇叭柱形，柱上饰竹节纹。施青黄釉，釉面光滑。

西晋（永康二年）·青瓷灯

口径9.5厘米，底径9.6厘米，高13.3厘米。整个器形分上、中、下三段，由灯盏、灯柱、底盘粘接而成。灯盏为一敛口鼓腹小碗。灯柱上细下粗，有多级棱线。底盘为平口，收腹，喇叭形圈足，足沿有十个垫烧痕。施釉色青灰色。整个造型简洁精巧，制作规整，是一件美观而实用的青瓷精品。

西晋·青瓷堆塑灯盏

残高26.5厘米，底径14.2厘米。器物系油盏、灯柱、底盘粘接而成。油盏呈碗状，灯柱为束腰的圆柱，底盘为覆钵状。在灯柱上有两层堆塑各种形态的裸体男女人像和小鸟。

074　西晋·青瓷俑形灯盏

高13.8厘米。器呈俑顶罐之形状，由油盏和灯柱两部分组成。油盏为一小罐，罐，敛口，硕腹，假圈足，肩部等距离附四圆条形横耳，罐身上戳印棱格填线纹。灯柱做成半身俑状，俑头的前后左右各梳一发髻，发髻内外斜挑，托住灯盏，俑的面部正视前方，双目紧闭，双手捏住一环状物于胸前，身前对襟衣服，腰沿衣服上戳印联珠纹。施青黄釉，造型别致，制作精良。

西晋·青瓷人形灯

残高 12.4 厘米。

东晋·青瓷灯盏

高23.2厘米，盏径10.6厘米，盘径 17.1 厘米。器物由油盏、灯柱、承盘三部分组成。盏作钵形，灯柱细长，上细下粗，承盘宽沿，斜直壁，盘下置三小足。盏及柱身划弦纹数道，盏口饰四点褐彩。施青黄釉，釉面光洁滋润。

076 唐朝·青瓷褐彩如意云纹油灯

口径37.2厘米，底径19.8厘米，高24.4厘米。器形为大口微敛，唇沿外折，弧腹，高圈足外撇。器外施青绿色釉，釉层均匀，釉面润泽细腻，有冰裂纹。釉上绘褐彩如意云纹，如意形开光中绘莲花纹。

唐代·青瓷灯

口径12厘米。翻沿，敞口，腹壁斜直，壁厚重，小平底，器内安环状提梁，胎质疏松，多气孔。内外施青黄釉，釉层不很光滑，口沿处有泥点痕迹。

十一、虎子

虎子，对于它的用途，通常认为是一种溺器。导源于战国、西汉时期的铜虎子。东汉时期，越窑生产的虎子，口部饰张牙露齿的虎头，并且虎头成90度角折向左侧，背装扁平式提梁，下置四足，腹部划一条条虎皮纹饰。到了三国时期，器形呈蚕茧状，置圆管状口，背附奔虎状提梁。西晋时的虎子，通体作成两端略平的椭圆形，圆口上翘，腹部略为收敛，腹下置卷曲的四肢，背上安绞索状提梁。东晋、南朝时期，圆形虎子盛行，圆口、平底、口颈与背上附圆条形提梁。在江苏省赵士岗吴氏墓中出土的一件腹部刻有，赤乌十四年（公元103年）会稽上虞师袁宜作的青瓷虎子，它既有器物的纪年，又有匠师的姓氏，确实是一件不可多得的珍品。

078 东汉·褐釉虎子

长26.8厘米，高18.6厘米。器形作站立的老虎，呈蚕茧状。两端略平，前作虎胸，后作虎臀，正前方作凸出上翘的圆筒口，与腹相通。口部一侧饰一虎头，虎头张口露齿，背部按绞索状提梁。底部置四足，器身遍布刻划曲线纹。施黄褐色釉，臀部无釉露胎。

东汉·黑瓷虎子

高 18.2 厘米，长 25 厘米。呈蚕茧状，两端略平。前作虎胸，后作虎臀，正前方作凸出上翘的圆筒口，与腹相通。口部一侧饰一虎头，虎头张口露齿，背部按绞索状提梁，底部置四足，器身遍布刻划曲线纹。通体施黑釉，乌黑发亮。

三国（赤乌十四年）·青瓷虎子

高 18 厘米。器身呈茧形，腹部收敛，圆口上翘，背安奔虎状提梁，底置四足。施青黄釉。

西晋·青瓷虎子

高 21.3 厘米，长 25.3 厘米。器身作两端略平的椭圆形，圆口微上翘，腹部收敛，背上安奔虎状提梁。底部置四足，腹部划下翼。施青黄釉，其器形及装饰的西晋越瓷器特征明显。

西晋·青瓷虎子

高 19.4 厘米。器身作两端略平的椭圆形，圆口微上翘，腹部收敛，背上安圆环形提梁。底部置四足，背饰虎头，腹部划下翼。施青黄釉，其器形及装饰的西晋越瓷器特征明显。

西晋·青瓷虎子

高 19.2 厘米。

082 **西晋·青瓷虎子**

高20厘米，口径7.2厘米，底径14.8厘米，腹径21.4厘米。器身近圆形，圆口上翘，平底微内凹，背部安绞索纹提梁，口部饰虎头，腹部划飞翼。施青釉。

东晋·青瓷虎子

高21.1厘米，口径6.8厘米，底径15厘米，腹径21.8厘米。器身近圆形，圆口上翘，平唇，平底内凹，顶部安圆形环状提梁，口沿下及背部饰弦纹。施青黄釉。

南朝·青瓷虎子

高26.2厘米，腹径19.2厘米，底径13.5厘米。圆口上翘，鼓背，深弧腹，平底微内凹。背上安圆形提梁。施青灰釉。

十二、鸡首壶

鸡首壶，是一种酒器，创制于三国，延续到唐朝。三国至西晋时期，器身矮胖，盘口小而浅，前贴鸡头，后附鸡尾，头尾前后对称，有的在两旁还饰翅膀。东晋时，器身增大，鸡头引颈高冠，形似报晓的公鸡，形象十分逼真，后置圆股形把手，肩部附对称的桥形系。进入南朝，器身变得修长，颈增高，壶柄粗壮，曲度加大，鸡嘴为圆孔，器型线条十分优美，在肩腹部常常刻划莲瓣纹，口沿处用褐色点彩作装饰，把手接盘口的一端作龙头形，俗称龙柄鸡头壶。到了隋唐时期，鸡头盘口缩小，颈部出现数道凸棱，唐代以后鸡头壶消失。

西晋·青瓷提梁鸡首壶

高23.8厘米。浅盘口，粗短颈，溜肩，圆腹，平底内凹，前置鸡头，后设鸡尾，盘口上置黄鼬形提梁。鸡头上方塑人物，肩颈部贴铺兽衔环、神人神兽，划弦纹，印花蕊纹，斜方格纹。施青灰釉，釉面滋润光洁。

西晋·青瓷鸡首壶

高16.7厘米，腹径17厘米，底径10.5厘米。小口，短颈微束，上刻弦纹两道，圆球腹。高圆足外撇，上饰弦纹两周，口缘两侧置环形耳一对，肩腹间堆塑公鸡头，鸡冠高竖，圆目，张口作鸣叫状，相对侧贴鸡尾，罐作鸡身。施灰青釉。

西晋·青瓷鸡首壶

高11.2厘米，口径6.6厘米，底径6.4厘米，腹径12厘米。小盘口，短颈丰肩，腹下渐收，平底。肩部二道弦纹间置对称双竖耳。器表施青釉，色略泛黄。底部无釉，留有四处泥点垫烧痕。

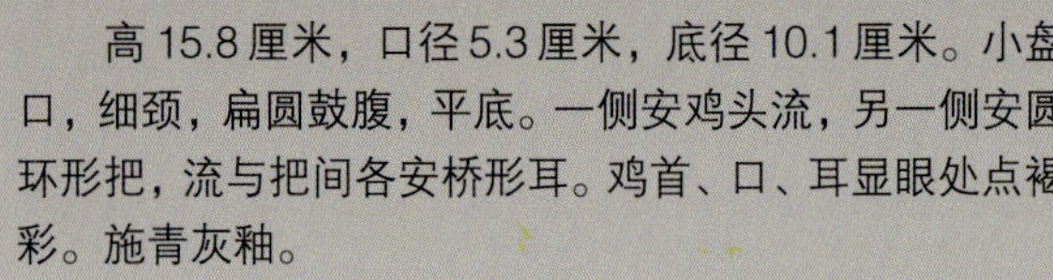

086　东晋·青瓷鸡首壶

高 15.8 厘米，口径 5.3 厘米，底径 10.1 厘米。小盘口，细颈，扁圆鼓腹，平底。一侧安鸡头流，另一侧安圆环形把，流与把间各安桥形耳。鸡首、口、耳显眼处点褐彩。施青灰釉。

东晋·黑瓷鸡首壶

高19.2厘米。盘口，细颈，上腹圆鼓，下腹斜收，平底微内凹。鸡首引颈高冠，双眼正视，鸡首相对处置圆条形把，连接盘口与肩腹，上腹置对称的圆形环耳。施酱褐色釉。其器形时代特征明显。

东晋·青瓷鸡首壶

高15.5厘米，口径5.4厘米。盘口，细颈，圆腹。平底微内凹。鸡首引颈高冠，双眼正视，鸡首相对处置圆条形把，连接口与腹，上腹置对称的两桥形耳。肩部饰弦纹，双耳及把上点褐彩，灰白胎。施青灰色釉。

088　南朝·青瓷龙柄鸡首壶

高29厘米。深盘口，细长颈，溜肩，弧腹，平底微内凹。肩部贴鸡首，相对一侧置龙首弧柄，另两侧饰桥形耳。施青釉。根据其器形及龙柄、桥形耳等特征，其年代应是南朝。

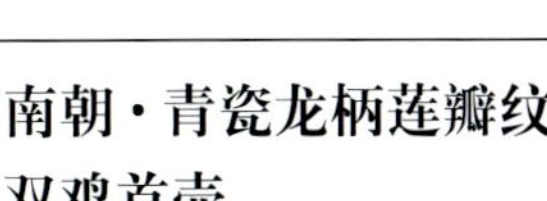

南朝·青瓷龙柄莲瓣纹双鸡首壶

高34.2厘米，底径15.2厘米。一盏盘口，喇叭颈，斜肩。上腹圆鼓，下腹收束，到近底处往外撇，平底。肩部并排斜立直颈鸡首一对，相对一侧置龙首弧柄，另两侧饰桥形耳，肩腹间刻覆连纹一周。施青釉。根据器物形状及花纹装饰特征，其年代为南朝。

090 隋朝· 青瓷鸡首壶

高15.9厘米。深盘口，口外侈，束颈，溜肩，圆腹，圈足。肩部贴对称的鸡首，两侧附圆条形横耳。施青黄釉。

十三、水井

汉晋时期，江南一带经济繁荣，厚葬风盛行，当时社会以厚葬为德，薄终为卑，有的人家甚至不惜倾家荡产为的是“厚资多藏，器用如生人”，当时越窑为满足社会所需，大量烧造随葬冥器，青瓷水井就是当时现实生活中水井为模型而做成陶瓷质的冥器。

东汉（熹平四年）·青瓷水井

高17.6厘米，口径11.1厘米，底径11.6厘米。平唇，斜肩，下腹内收，平底。肩至上腹部堆贴绳索纹，每条绳索的交叉点作结头状。施青翠釉。

东汉·黑瓷汲水器

高23.7厘米，口径11.2厘米，底径10.8厘米，腹径17.4厘米。平唇，短直口，肩部外鼓，肩下呈圆筒形，至底部向外撇，肩部镂四圆孔堆贴绳索纹一周，绳索纹上印圆圈纹。施褐色，釉不及底，露胎处呈紫红色。器内腹螺旋纹，其器形及纹饰具有东汉越瓷器特征。

十四、笔筒

笔筒是一种最为常见的置笔用具，一般呈圆筒状，材质多样，有竹、木、瓷、漆、玉、象牙、紫砂等，它是文人书案上的常设之物，受到历代文人墨客的青睐。明代文人朱彝尊曾作《笔筒铭》云："笔之在案，或侧或颇，犹人之无仪，筒以束之，如客得家，闲彼放心，归于无邪。"越窑在东汉早期已烧制笔筒，但当时烧造量不多，故出土笔筒甚少，弥足珍贵。

东汉·青瓷笔筒

高 14.7 厘米，口径 11 厘米，底径 10 厘米。直口，筒腹，平底。口沿下划弦纹，上腹部划二道水波纹和弦纹。施青黄釉。其纹饰和釉色具有东汉越瓷器特征。

东晋·青瓷笔筒

高 15.2 厘米。直口，筒腹，下腹微束，平底，划三道弦纹，每道二条。施青釉，釉色青中带黄。笔筒的器形和纹饰具有东晋越瓷器风格。

十五、尊

尊系盛酒器和礼器，流行于商周时期，春秋后期偶有所见，器形主要有圆体尊、方形尊和觚形尊等几种。商周至战国时期，还有将尊做成牛、马、羊、虎、象、鸟、雁、凤等动物形状的牺尊，商周时期的尊，主要是用青铜铸成，但也有原始瓷尊。

宋代以后，瓷尊盛行，主要用于盛酒或宫廷陈设用器。到了清代，景德镇窑尊的种类更为丰富，有苹果尊、鱼篓尊、石榴尊、太白尊、马蹄尊、观音尊、牛头尊等等。

越窑也烧造这种尊的器类，这件器形优美，制作精良西晋时期的神兽尊，确实是一件十分罕见的越瓷珍品。

西晋·神兽尊

高 27.9 厘米，口径 13.2 厘米。器呈神兽状，盘口，短颈，斜肩，垂腹，平底内凹。通体施青黄色釉。

东汉·青瓷鸱鸮尊

高 31.6 厘米。尊盖塑成猫头鹰形，作子口。喙弯曲成勾形，前端尖锐。双目置脸部两侧，圆而凸，作前视状。尊体作腹，下承双足和尾。鸟首及胸部施青釉，满印条状羽毛。鹰首羽毛呈放射状，面部呈凹陷的纹状。胸部左右各饰两道斜向后的弦纹，胸两侧各横贴双耳环一个，胸下饰弦纹三道，把胸、腹分隔。器物的釉面，纹饰以及双耳，具有东汉时期的特征。

十六、狮形器

狮，古称“狻麑”，相传汉顺帝时，由疏勒（古西域城国）王献入。《尔雅·释兽》载：“狻麑”，如猫，食虎豹。狮，素有威武猛烈见称，为兽中之王。器物作成狮形，寓意深刻。

西晋·青瓷狮形器

长13.2厘米。

西晋·青瓷狮形器

长14厘米，高9厘米。器物作狮状，仰首，挺胸，呲牙，双眼圆瞪，双耳耸立，颌下长须紧贴胸前，作俯卧状。颈披鬣毛，臀部饰长尾，腹部刻划飞翼及卷毛纹，背部安圆短管，管与腹腔通。施青釉。

十七、羊形器

羊，是美的化身，也是吉祥的象征。将器物做成羊形，既象征美丽，又寓吉祥之意。

100 **西晋·青瓷羊形器**

高16.2厘米，长13.2厘米。羊作俯卧状，昂首鼓睛，眼睛上刻眉毛，双角经耳后卷向头部近眼处。颌下有须，两耳横出，头上刻一圆孔。背饰弦纹作脊，脊端贴短曲尾。束腰，施青釉，釉色莹润、亮泽。

东晋·青瓷羊形器

高 12.5 厘米，长 15 厘米。羊仰首跪卧，双目正视，卷角似弯月，嘴微闭，神态安详，两肋刻划羽翼纹，胎灰白。施青釉，釉层匀净，是东晋时期越窑的代表作。

东晋·青瓷羊

高 14.7 厘米，长 15.5 厘米。羊作引颈跪伏状，双目外突，两角后卷，闭嘴，颌下一胡须，凸胸细腰，肥臀短尾，四肢强健。施青釉，釉面滋润光洁，眼、腿部点褐彩。制作精良，造型优美。

十八、三足樽

樽，酒器，器形如现在的盆，底部置三足。东汉时，器形为宽唇，唇面微上卷，弧腹，平底微内凹，底置三足。三国西晋时，器口微敛，腹部自上至下向底部弧收，平底内凹。到了东晋，樽已极少发现，可能被铜、木器具所代替。

104　西晋·青瓷三足樽

高9.3厘米，口径9.9厘米，底径10.3厘米，腹径12.4厘米。圆唇直口，直筒形腹，平底，底置三兽蹄足，腹壁饰联珠纹和弦纹。施青黄釉。

西晋·青瓷三足樽

高8.5厘米。直口，圆筒形直腹，平底，低下置三乳头，器身饰二道棱格纹带和弦纹，口上置盖，盖顶饰相吻的两小鸟作钮。施青黄釉。

106 西晋·青瓷三足樽

高7.3厘米。口径16厘米。侈口，折沿，深弧腹，口沿上饰水波纹及一道网格纹，周围饰波浪纹。腹外壁贴对称的铺兽一对，外腹壁上下饰四道弦纹，两道联珠纹，一道网格纹。底部贴三兽足，兽头双目圆睁，两耳竖起，一副威武的样子，蹄足。施青釉。

十九、灶

青瓷鬼灶，冥器，是当时实物灶的模型。器形通常呈头尖尾平的船形，有出烟孔和火膛口，灶面上设二灶眼，置斧和甑。有的灶旁还贴塑投柴做炊的俑。

108 西晋·青瓷鬼灶

高9.5厘米，长23.1厘米。整体呈船形，后端平直，只有长方形火门，置挡烟墙，一头尖锐，略上翘，有一圆形出烟孔，灶面置二眼，每眼各一釜，釜上各置一勺。施青灰釉。

西晋·青瓷鬼灶 109

长 18 厘米，高 11.1 厘米。整体呈船形，后端平直，只有长方形门火，一头尖锐，略上翘，有一圆形出烟孔，灶面置二眼，其上一置釜，一置甑。施青黄釉。

110 **西晋·青瓷鬼灶**

长19厘米，高10厘米。整体呈船形，后端平直，只有长方形门火，一头尖锐，略上翘，有一圆形出烟孔，灶面置二眼，其上一置釜，一置甑。施青黄釉。

二十、鐎斗

青瓷鐎斗承盘，冥器，仿铜鐎斗形制，又名“刁斗”。一种可加热保温的军营炊具，使用时承盘内置薪炭，上搁炊煮食物，白天用来煮饭，晚上敲击巡营。唐,高适《燕歌行》有“杀气三时作阵云，寒声一夜传刁斗”之句。

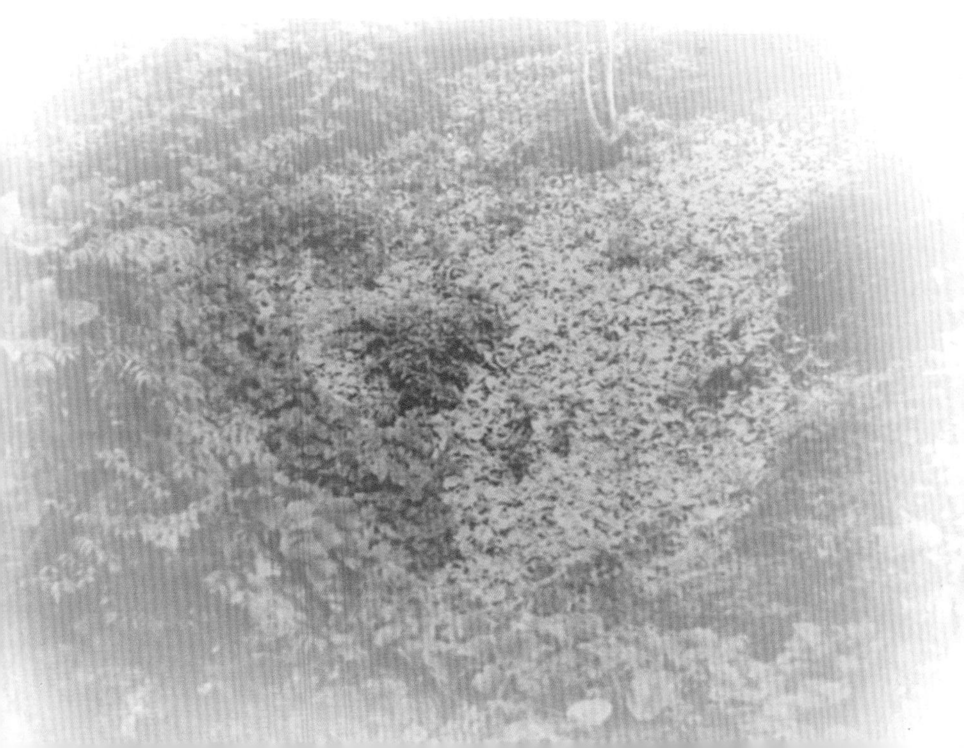

112 **三国·青瓷火盆镳斗**

口径 17 厘米 高 8.9 厘米。火盆为平沿，敛口，腹斜收，平底附三舌形足，腹上部置对称半耳形耳。锥斗置火盆内，与火盆相连，移口束颈，平底附三柱足，腹部一侧置一把手。火盆腹部饰数道弦纹。施青黄色釉。纪年墓中出土，器物年代相对正确。

二十一、俑

俑是中国古代陪葬用的偶人，一般为陶或木质，有的用石、瓷或金属制作，种类有奴仆俑、士兵俑、仕女俑、官吏俑、仪仗俑、舞乐百戏俑等。俑大多真实地模拟着当时的各种人物，因而可以考见当时社会的生活习俗，而且许多墓中的俑制作精致，姿态生动，是珍贵的雕塑艺术品，因此，它对研究不同时代的社会生活习俗，舆服制度及造型艺术有重要价值。

东汉·黑釉俑头

高19.9厘米。"胡人"俑头，头戴尖顶帽，凹脸深目，刻划双眉，尖高鼻，颧骨突出，嘴张开，络腮胡须，双耳小而前倾，额头隐划三道皱纹，内孔，颈作插，灰胎。施黑褐色，釉稍侵蚀。

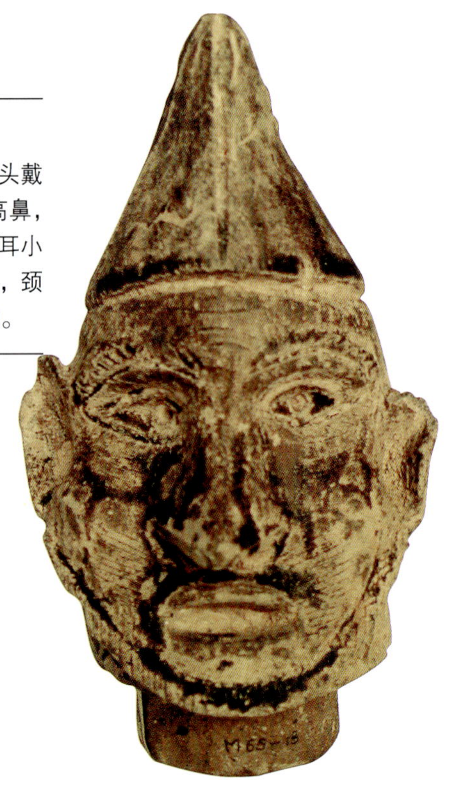

西晋·青瓷力士跪俑

高8.3厘米，肩宽6.7厘米。平顶缩紧，凸肚跪坐，眼神贯注，粗壮的双手撑在大腿上，把一个身体魁梧强壮、头顶重物的壮士塑造得淋漓尽致。

西晋·青瓷俑

高12厘米。头戴平顶帽，隆鼻，珠目，口微开，双手捧一孩童于胸前。施青黄釉。

116 西晋·青瓷仕女俑

高26.3厘米。头挽发髻，珠目，隆鼻，小嘴，耳部有珠耳饰，双膝跪地，身着长袖，衣袖、背部饰网格纹，右手执长方形扇，左手怀抱小孩，小孩头挽双髻，左手抱环形玩具。施青黄釉。

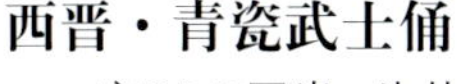

西晋·青瓷武士俑 117

高28.9厘米。头扎高髻，顶肩帽，唇部翻盖，巾沿内卷，右肩系扎飘带，身着斜襟宽袖大袍，右手握剑，左手执盾，双膝跪地，珠状目，隆鼻，嘴部为两小孔，唇上部刻翘须，巾沿、衣袖、背部等处饰条状斜方格锯齿纹。通体施青黄釉。

118 晋·青釉舞俑盘

高3.2厘米，口径15.5厘米。圆形、直口、浅腹。盘内心刻莲瓣纹五个，其上堆贴一猪、一羊和四个盛载鱼、糕点、蔬菜等食物的盘，盘内近边缘处堆塑十一个手持不同乐器及唱歌的乐人，盘中有两人在跳舞或作祭祀仪式。各人造型、动作均不相同，生动传神，生活气息浓郁。施橄榄色青釉。

二十二、猪圈

汉晋时期，江南一带经济繁荣，厚葬风盛行，当时社会以厚葬为德，薄终为卑，有的人家甚至不惜倾家荡产为的是“厚资多藏，器用如生人”，当时越窑为满足社会所需，大量烧造随葬冥器，这些青瓷猪圈就是当时现实生活中猪圈为模型而做成陶瓷质的冥器。

120 **西晋·青瓷猪圈**

高5厘米，底径11.9厘米。圆形，直口，口沿及底处各饰一道弦纹，腹壁饰竖条纹似作栅栏。猪圈一端堆贴一斜形饰物，似作踏梯，圈内一猪较大，口微张开，双眼微笑，双耳竖起，鬃毛竖立，短尾，双足直立，作进食状。胯下两边各一直立饰物，作为猪槽。灰胎，施青黄色釉，釉不及底。

西晋·青瓷猪圈

高6.4厘米，直径10.8厘米。圆形，直口，圆唇，直腹，平底。口沿处有一槽，并饰一道凸棱。壁楼长方形栏，圈内塑一酣睡的卧状猪，形态惟妙惟肖。施青翠色釉，釉面滋润光洁。

西晋·青瓷猪圈 121

口径13厘米。圈圆形，平唇，平底，器壁置耳，猪，站立状，肩上饰鬃毛，张口，双目圆睁。施青黄釉。

122 西晋·青瓷猪舍

高10.7厘米，长13.5厘米，宽9厘米。器形呈方形小屋，悬山顶，正脊两端微翘，屋面刻划瓦垄纹，屋正面一侧划斜方格纹，象征窗户。屋顶围一栅栏，栏内一猪卧地酣睡，憨态可掬，屋后紧依一堵高墙。施青釉，制作十分精细。在越窑冥器中，圆形猪圈较为多见，方形猪舍出土甚少，故弥足珍贵。

二十三、槅

槅，又称“果盒”、“多子盒、“槅盘”。其用途，有的认为是用作盛放果子，有的认为是用作调和颜料的盘，众说不一。越瓷槅最早见于三国时期。早期的槅，器形呈长方形，平足、平底内凹，槅盘内有隔梁，把盘分成九小格，一格较大，八格较小。三国晚期至西晋，足壁下部切割成花座。东晋以后流行圆形槅，槅盘内置圆形隔栏，把盘分成内外区，外区一般分成七小格，内区分四格。到了南朝，器形比前朝明显缩小，并且外区分成四格，以后这种器形消失。

124 西晋·青瓷槅

长 20 厘米，宽 15 厘米，高 4.9 厘米。长方形，斜直壁，有肩，花口足。槅盘内置槅梁，把盘分成九小格。施青灰色釉，施釉不够匀称，有缩釉点。

东晋·青瓷槅

口径19.1厘米，高5.5厘米，底20.5厘米。槅盘平面呈圆形，子口，浅腹，平底，器物分置内外两区，内区中心由三条梁分成三格，外区有七条梁分成扇形七格。施青黄釉。

东晋·青瓷槅

口径15.6厘米，高4.6厘米，底20.3厘米。槅盘平面呈圆形，子口，浅腹，平底。器物分置内外两区，内区呈圆形，外区由八条梁分成扇形八格。施满釉，釉色青绿。

126 东晋·青瓷槅

高4厘米，口径16.9厘米，底径17.4厘米。槅盘平面呈圆形，子口，浅腹，平底。器物分置内外两区，内区呈圆形，外区由六条梁分成扇形六格。施满釉，釉色青绿。

二十四、洗

洗主要作盥洗器具。器形如现在的面盆。东汉时，器形为直口，宽唇、弧腹、唇面微向上卷，腹部外壁安对称的双耳。三国西晋时，器口微敛，宽唇，腹自上至下向底弧收，内凹的平底。到了东晋时，唇面较窄，上翘，上腹弧，下腹近斜直，宽底微内凹，腹部划弦纹，南朝以后这种器物已极少发现，被铜、木器取而代之。

128 **西晋·青瓷洗**

高8.5厘米。敞口，板沿，直腹下敛，平底。洗内底三周同心圆弦纹和水波纹相间，外壁两排联珠纹夹一条斜方格网纹带，并等距离贴模印的三铺兽。施青釉。

东晋·青瓷洗

广口，折沿，沿上翘，腹微下收，平底。外壁中部划三道凹陷纹，近底处划一道凹弦纹。似饼足状，内底一小圈。施青釉，釉不及底，灰白胎，该器形规整。施釉匀称，釉色滋润，制作精良。

二十五、哨

哨源于远古时期的骨哨，历史上亦称为笛，唐以后方专指横吹为哨，竖吹为笛。哨历史悠久，音质圆润轻柔，幽静典雅，适于独奏和重奏。哨一般为竹制，也有玉制的玉哨和铜制的铜哨。越窑用陶瓷做哨，并且做成鸟形，真是别出心裁，独具匠心。

北宋·青瓷鸟形哨（乐器）

高5.1厘米。器呈鸟形，胸腹部饰圆孔。施青黄釉。

北宋·青瓷鸟形哨

高4.9厘米。器呈鸟形，胸腹部饰圆孔。施青黄釉。

二十六、魁

魁系长柄酒勺。《说文》："魁，羹抖也。"越窑至迟在三国时期已开始烧造这种器皿，但烧造量不多，因此现在这种器物出土的比较少。

132 三国·青瓷鸟形魁

高6.1厘米，口径10厘米。圆唇，敛口，弧腹，平底内凹。口沿下划两道弦纹，前贴展翅飞翔的鸟，这件魁，前有鸟头、双翅和双足，后有尾巴，中间的杯身以为腹，鸟圆头似鸽，向左回顾，双翅飞展，两足上缩，尾上翘。施青釉。

东晋·青瓷魁

口径14.1厘米。圆唇，直口，弧腹，饼足。口沿置一柄，柄端呈三角形，口沿下划二道凹弦纹。施青釉。

134 **晋·青瓷鹅形魁**

高7.1厘米，器腹略呈椭圆形，平底，捏柄呈鹅头颈状。施青灰釉，釉不及底。

二十七、枕

瓷枕是我国古代的夏令寝具。有人认为瓷枕能明目益精，因此，无论是富贵大贾，还是平民百姓都很喜好它。瓷枕创始于隋唐，流行于宋元，产地众多，形制纷繁。河北巨鹿出土的瓷枕上有："久夏天难暮，纱橱正午是；忘机堪昼寝，一枕最幽宜。"的诗句，说出了瓷枕的妙用。瓷枕除作寝具外，还有医学中用的脉枕，上虞博物馆收藏的北宋时期刻划摩羯纹枕。枕面刻划摩羯纹，下部作卧虎状，中间是虎体，左右两端各塑一个虎头，无论是前看，还是后视，都是一只虎，造型之巧妙，匠心独具，刻工细腻，形态传神，堪称越瓷艺术珍品。

五代·青瓷虎枕

枕面残长 15.6 厘米，宽 11.8 厘米，高 9 厘米。由枕头面和枕底两部分组成。枕面呈长方板瓦形，两端略上翘。面上刻划摩羯纹，并饰波涛纹，枕面下施一只双头单体的卧虎，虎尾甩至胫腹部，虎体下是椭圆形平板底足。胎灰白，质坚硬。通体施青釉，釉面光洁滋润。

北宋·青瓷狮枕

残高 10厘米。由枕面和枕底两部分组成，枕面呈长方板瓦状，两端略上翘，枕面下置一卧狮，四肢弯曲，双目怒睁，呲牙咧嘴，狮尾甩至后腿旁，狮头部卷毛披肩，通体划细毛。施青黄釉。

二十八、杯

杯是用来盛酒、水、茶等液体的器皿，是人们日常生活中不可缺少的器具。根据其形状可分高足杯、压手杯、高士杯、三秋杯、爵杯、耳杯（亦称羽觞）等名称。越窑从汉代已经开始烧造杯的这种器皿，直至五代北宋仍在继续生产。越窑倒闭停烧后，其它窑口延续生产杯的这种器具。

五代·青瓷杯

高5.4厘米，口径7.7厘米。器呈荷花形，深腹，腹下收，圈足稍外撇，底内凹，灰白胎。通体施青釉，釉层匀称。

五代·青瓷杯

高8.4厘米。敞口，深腹，喇叭足。刻划仰莲纹。施青黄釉。

二十九、耳杯

耳杯，又称“羽觞”，是我国古代的一种酒器。王羲之“兰亭集序”中所叙述的曲水流觞的“觞”，指的就是这种器物。耳杯盛行于战国、汉六朝时期。据考证，作饮酒器具的耳杯，多为漆器或铜器，而陶瓷耳杯多为随葬用的冥器。越窑生产的耳杯，东汉时期的器形为椭圆形、平口沿，长向两侧口沿处各附一半月形耳，平底或假圈足。三国西晋时的耳杯，腹较浅，底较小，两侧月耳缩小。到了东晋时，耳杯口的两端上翘，口沿弧曲。有的耳杯还常常与托盘连在一起，习惯称它为耳杯托盘。

东汉·黑釉耳杯

纵 9.5 厘米，横 7.5 厘米，高 4.5 厘米。椭圆口，口沿两侧置捏柄，平底，施黑釉。

西晋·青瓷耳杯

长 18 厘米，高 6.5 厘米。椭圆口，口沿两侧置捏柄，平底。器壁不够光滑，有明显的刀削痕。施青灰色釉。

东晋·青瓷耳杯托盘

高 5.3 厘米，托盘口径 13.5 厘米，底径 11.5 厘米。托盘，广口，浅腹，平底。盘内承托一耳杯，耳杯两端微翘，腹深，两侧置月牙形耳。通体施青釉。

三十、砚

砚，系文房用具。三国西晋时，外围有子口，砚面平坦，底部置蹲熊状三足，砚面不施釉，易于磨墨。东晋时，子口增高，砚面微鼓，足形以兽蹄状为主。进入南朝，砚面更鼓，周围出现蓄水槽，足有兽蹄足，圆珠足等。并且还出现四足砚和六足砚。唐代时，有的砚面圆形凸起，周缘有下凹的蓄水槽，并且砚足多到排列成密集的一圈，唐五代以后，由于石砚广泛使用，瓷砚逐渐被淘汰。

西晋・青瓷三足砚

高4.4厘米，口径11.6厘米。圆唇，直口，浅折腹，平底，底置三兽足，足似跪熊。施青黄釉。

西晋・青瓷砚

高4厘米。器为直口，圆唇，宽沿，平底。底部等距置有三个力士形足，双手举托住砚池，外底饰有疏密不同的五道弦纹。釉色青黄，色泽匀净。砚池内露胎，表面有九点垫烧痕。

西晋·青瓷砚 143

通高8.1厘米，口径9厘米。圆形，直口，浅折腹，平底，底置三兽足，盖作母口，盖口直，盖面鼓，饰网格纹、联珠纹，盖顶置蛙形水盂作钮。施青黄釉。

西晋·青瓷三足砚台

高4.2厘米，口径11.4厘米，底径10.5厘米，腹12.5厘米。圆唇，直口，宽沿，沿面微上鼓，底部置四兽蹄足。施青黄釉。

南朝·青瓷四足砚

口径17.7厘米。圆唇，直口，宽沿，沿面微上鼓，底部置四兽蹄足。施青黄釉。

唐·青瓷圈足砚

高4.4厘米，口径16.6厘米。圆盘形，砚面平，砚面边缘与沿口之间有一周蓄水凹槽，底部置外撇的高圈足，圈足镂花瓣状孔。施青釉。

146　北宋（绍圣五年）·青瓷砚

长10.2厘米，高2.8厘米。器呈畚箕状，一端无沿，一端内凹呈槽，盛水用，三边沿稍敞，近槽处内底稍凸，近口沿处底内凹，左右两侧各刻有“沼圣五年二月十一日”、“置此砚子永不失者”等字。施青黄色釉，釉面黄中泛酱色，釉剥蚀。

三十一、水盂

水盂是传统的文房用具，用以砚池滴水。千百年来，无论是诗文大家，还是学子秀才都很喜好。越窑生产水盂的时间很早，在东汉时期已经开始生产这类器物。三国时期的水盂，形状有小敛口、扁圆腹、平底内凹的和作成青蛙形状的。上虞市文物管理所收藏的一件三国时期的蛙形水盂，蛙作蹲伏状，口置滴水小孔，背部置短管状口，器物既美观又实用。蛙盂以三国至西晋时期造型比较优美，工艺也精巧。到了东晋，蛙盂的下腹向内收敛，底部置假圈足，蛙头缩进，短尾上翘，四肢僵硬，蛙形显得比较呆板。南朝时，蛙的前身上仰，头前视，双眼突出，臂部着地，背上开圆形口。六朝时期，其它还出现鸟形水盂和兔形水盂。在唐代，越窑创制出模仿植物形状的水盂，它有矮直口，扁圆腹，平底，腹部压六条凹线的蒜头形水盂，有纹口、扁圆腹、肩腹部堆贴四条直棱细泥条，直棱至底折进成足，口上置斗笠状盖的瓜棱水盂，这种水盂造型别致，小巧玲珑，确为一种精巧的文房雅品。

148 **三国·青瓷蛙形砚滴**

高10.1厘米，口径2.2里面。蛙作进水状，背负圆管状进水口。蛙口有有滴水小孔，前是棒钵作饮水状，后足直立。蛙尾拽地，腹部印斜点纹。施青黄釉。

三国·青瓷蟾蜍纹水盂 149

高6.5厘米。鼓腹，平底内凹，蛙首上昂，口紧闭，眼圆鼓向上看，四肢紧贴腹部，施青釉，口沿及头部均点有褐彩，制作精巧。

150　西晋·青瓷蛙形水盂

高3.8厘米，口径4厘米。敛口，圆唇，扁圆腹下收，平底，肩部二端置一昂首蛙头，蛙头双眼圆鼓，宽嘴微笑，头的对称一端置蛙尾，尾短小，四肢弯曲作伏状，并紧贴肩腹部。肢上刻划羽翼纹，肩部对称的两小圆点，口沿处饰一道弦纹，施青黄釉，釉不及底，口沿点四个褐色彩点。

西晋·青瓷蛙形水盂

高5.7厘米，口径2厘米，底径4.5，长8.6厘米。圆管状口颈，斜肩，扁圆腹，平底内凹。肩腹部前置蛙头，后饰蛙尾，两侧堆塑弯曲的四肢。通体施青黄釉。

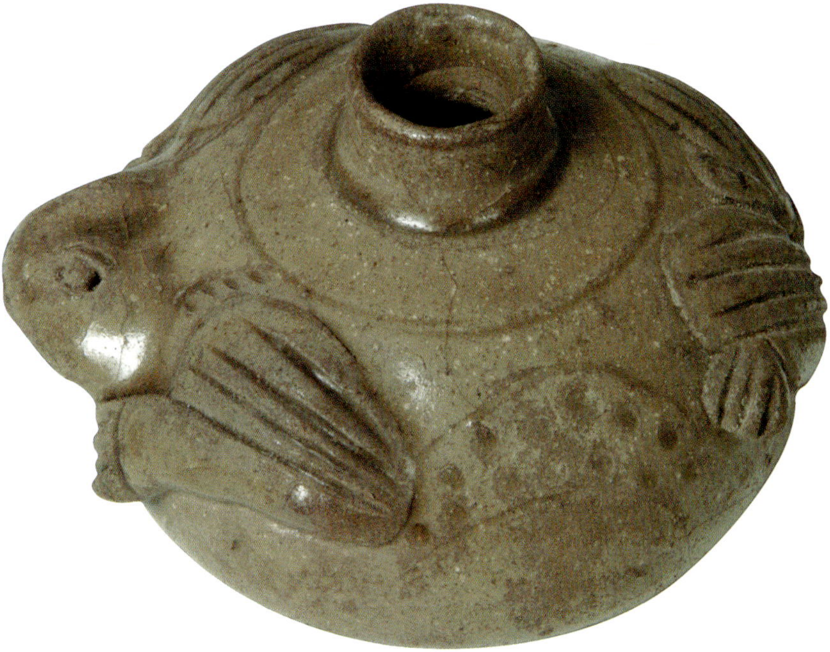

西晋·青瓷水盂

高 4 厘米。扁圆腹，小平底微内凹，口沿下，划三道凹弦纹。肩腹部戳印棱格填斜纹。施青釉。

西晋·青瓷水盂

高 3.8 厘米。敛口，扁圆腹，近底斜收，小平底。口沿下及腹中部划凹弦纹，肩腹印斜齿纹。内外施青釉。

西晋·青瓷水盂

高4.2厘米，口径4.5厘米，腹径8.5厘米，底径4.8厘米。敛口，扁圆腹，平底内凹，口沿处划二道弦纹，两道弦纹间印棱格纹及戳印针点纹。肩部划一道弦纹，施青黄色釉。

西晋·青瓷三足水盂

高5厘米，口径4厘米，底径3厘米，腹径6.3厘米。直口，高领，溜肩，圆腹，平底微内凹，底部置三兽蹄足，口颈划凹弦纹，肩腹部印斜齿纹。内外施青釉。

154 东晋·青瓷蛙形高足水盂

高4.7厘米，口径4.1厘米。敛口，扁圆腹，高圈足外撇，肩部一端置蛙首，闭嘴，突眼，首对称一端置蛙尾，四肢弯曲紧贴肩腹部，器身刻划羽翼纹及针锤纹，口沿处饰绳纹及弦纹，圈足饰弦纹。施青釉。

东晋·青瓷蛙形水盂

口径4.8厘米，高4厘米。敛口，宽肩，扁圆腹，假圈足。肩腹部前置蛙头，后饰蛙尾，两侧贴弯曲的四肢。口沿及眼珠点褐彩。内外施青釉。

东晋·青瓷水盂

高3.3厘米，口径4厘米，底3.8厘米，腹6.3厘米。敛口，口沿微外卷，溜肩，扁圆腹，饼足，口沿下及腹中部划凹弦纹。施青灰釉。

唐朝·青瓷瓜棱水盂

高3厘米。圆唇直口，斜肩，椭圆腹，平底。底部置三足，肩腹压凹线作瓜棱纹。施青黄釉。

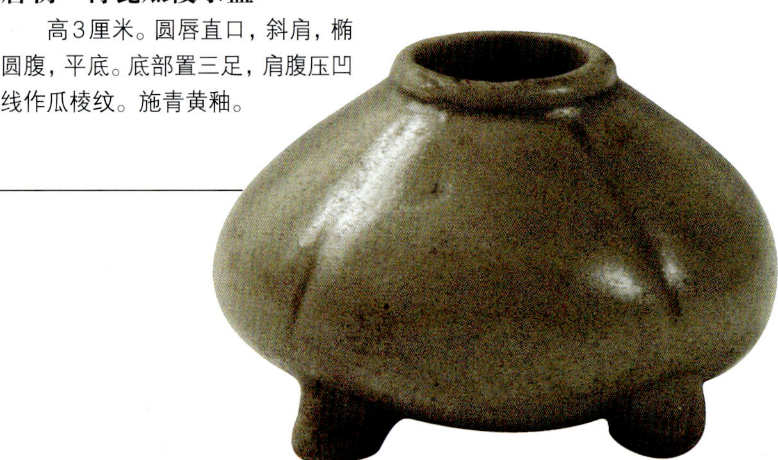

唐·青瓷瓜棱水盂

高4.5厘米,口径4.8厘米,底径4厘米,腹径8.2厘米。直口，口沿微外卷，高领。蒜头状腹，平底内凹，外壁压四条凹线。施青釉。

唐代·青瓷带盖方形水盂 157

高4.6厘米，口径3.4厘米，底径4.7厘米。圆唇，敛口，腹扁圆微方，自肩部往下用细泥条堆贴直棱四条，至底部折进成足，上置斗笠状盖。施青灰色釉，釉色光滑滋润。

158 唐朝·青瓷瓜棱水盂

高4.5厘米。直口，口沿微外卷，高领。蒜头状腹，平底内凹，外壁压四条凹线。施青黄釉。

三十二、注子

注子，又称“执壶”，中唐时越窑出现的一种酒器，据考证，它可能是鸡头壶演变而来，执壶的器形变化是，唐元和五年（公元810年）户部侍郎北海王府君夫人墓出土的执壶，喇叭形口，短嘴，嘴外削成六角形，壶嘴的另一端置弯曲的宽扁形把手，壶的重心在下部，形似一个梨子。到了唐会昌与大中年间（公元850年前后），颈加高，腹作椭圆形，外壁压印四条内凹的直线，作瓜棱纹，底置矮圈足，嘴延长，把孔加大，式样比以前优美。五代末到北宋时，执壶的腹由弧腹向球形腹演变，瓜棱由凹线变成凸棱，而且大多数为两根并列的双线，在腹部常刻划纤细的缠枝花卉、蜂蝶鱼鸟等花纹。

160 **唐代·青瓷注子**

高 22.2 厘米。敞口，斜肩，垂腹，低圈足，前置短流，后置执把。通体施青黄釉。其器物形状和釉色时代特征十分明显。

唐代·青瓷瓜棱注子

高22.1厘米。敞口，粗短颈，溜肩，椭圆腹，低圈足。腹部压印凹线瓜棱纹。肩部置对称双耳，器的前面置流、后置执把。施青黄釉。该器物的形状、瓜棱纹及釉色，均具有典型的唐代越瓷特征。

五代·青瓷注子

口径4.4厘米，底径7.6厘米，高12.8厘米。盖面微弧，平顶钮，圆唇，直颈，丰肩，球腹，矮圈足外撇。肩部一侧置曲的多棱长流，另一侧置一双股泥条曲柄，柄顶端高于口沿。灰胎致密。器外壁施青釉，釉层薄匀细腻。

162 五代·青瓷葫芦形注子

高20.8厘米，底径6.6厘米。壶作葫芦状。胎呈灰白色，质细腻、致密，体薄。器身和底足釉层均匀，壶上部呈球形，小圆口，下部饰竖直压纹六道，成瓜棱形，由桶状颈把上、下部连接。肩一侧置曲管状流，后贴竖条纹扁把。圈足，微外撇，底足四周残留垫烧痕迹。

五代·青瓷划花人物纹注子

直上，高领，溜肩，圆腹，低直圆足，前置弯曲的长流，后置高耸的执把，口上置宝珠钮盖。腹部压底棱纹，划纤细的文物纹，造型优美，工艺精湛。施青釉。器形及花纹装饰时代特征明显，是五代越瓷器的珍品。

164 五代·青瓷鸳鸯酒注

长 16.5 厘米，高 11.5 厘米。器呈蹲伏的鸳鸯形状。张口掠翅，双眼怒睁，头上有冠，口张开呈鸣叫状，尾上翘，双抓弯曲于腹下，作蹲伏状。背部开亚字形花口，腹下置椭圆平板底足，头、颈、翅、尾部、腹刻划羽翼纹。鸳鸯造型，高冠，圆目怒睁，喙张开，颈羽有掠，双翼裹体，尾羽高耸，双爪弯曲伏地，遍布刻划的羽纹，背粗腹细密，背部开一“十”字形花口，内空与喙流口贯通。施青黄釉。

北宋·青瓷八棱注子连暖碗

壶高23厘米，碗高13.6厘米，通高26厘米。壶身起八棱，棱间的面内窄，刻重瓣蕉叶纹。流六棱，柄由双条拼合，自肩起至身的中部，扭曲成耳状。颈起八棱，以与盖的八棱相吻合。盖钮呈宝珠状，俗称宝顶，下有两级，再下缩入直落起八棱，将盖身分成八面，面上镂空成倒置心形。全身包括底及足部。施灰青色釉，施釉薄而均匀，根据器形及数饰，其年代为北宋。

166 北宋·青瓷注子

高23.2厘米，口径12厘米，腹径15厘米，底径9.2厘米。敞口，尖唇，喇叭口径，斜肩，硕腹，底置圈足，肩部置弯曲的上流，流相对处置一环形把，把有三圆条拼粘而成，把的上端粘于颈、下端贴于腹部。肩部饰一道凸棱，腹部六道凸棱，把腹分成六面。肩、腹划花草纹。施青黄色釉，釉色滋润、光亮。

三十三、托盏

托盏是带有托子的茶盏，由盏和托组成，是一种讲究的茶具。托盏形若带圈足的小盘，内底有一凸圈，圈略大于盏足，用以固定茶盏。盏托相传为唐蜀相崔宁女发明。宋程大昌《演繁露》载："托始于唐，前世无有也。崔宁女饮茶，病盏热熨指，取碟子融蜡象盏足大小而环结其中，寘盏于蜡，无所倾则，因命工髹漆为之。宁喜其为，名之曰托，遂行于世。"记载虽如此，其实这种托盏早已发明，在湖南长沙的晋墓中已有青瓷托盏出土。上虞博物馆所收藏的一件北宋时的托盏，盘口内凹成六弧，盘唇饰波浪纹，托面戳印七颗莲芯纹，托柱刻双重莲瓣，一眼望去，很像一朵已结莲蓬的荷花，这种托与盏合用的科学方法，一直延用至今。

五代·青瓷茶盏、茶托

通高13厘米。器物由茶盏和托盘二部分组成。盏，形似碗，直口，深腹，圈足，置于托盘之上，外壁刻三层仰莲纹。托盘为圆形，沿外翻，深弧腹，刻仰莲纹纹，下置喇叭形圈足，刻莲瓣纹。施青釉，器物刻工精细线条流畅。其花纹装饰具有五代时期越瓷器特征。

五代·青瓷刻莲瓣纹托盏

高7.2厘米，底径7.1厘米。托为直口，内饰莲蓬纹饰，口沿下划莲瓣，形似一朵盛开的荷花，瓣为花瓣口，盘沿上饰水草纹和弦纹，内底稍深，高圈足，外撇，足底有一孔，圈足饰瓜棱纹和花口。施青釉，釉色莹润，系五代时期越窑的珍品。

五代（天福四年）·青瓷托盏

高6.5厘米，足径6.8厘米。盏敞口卷沿，与托连为一体，托作高足盘形，圈足外撇。瓷胎薄而致密。通体施青釉，光泽莹润。底部有四条泥条支烧痕。是五代越窑秘色瓷的代表作。

三十四、瓶

瓶是盛酒、水等液体的器具，也作陈设用具或其它用途。

瓶的器形十分丰富，延用时间极长，至今仍在烧造，根据其造型和用途，有净瓶、梅瓶、盘口瓶、直颈瓶、瓜棱瓶、橄榄瓶、葫芦瓶、多管瓶、蒜头瓶、抱月瓶（亦称扁瓶）等品种，烧造时间极长，越窑自汉至宋均有烧造。

170 **南朝·青瓷瓶**

高24.7厘米。敞口，细长颈，溜肩，弧腹，圈足。施青黄釉。

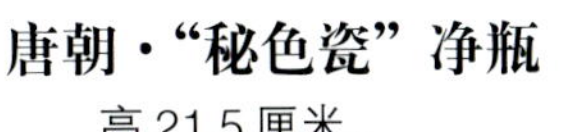

唐朝·“秘色瓷”净瓶

高 21.5 厘米。

北宋·瓜棱纹

通高19厘米，口径3.6厘米。直口，高领，弧腹，平底，器表置凸棱，上置盖。施青釉。

五代·葫芦状

高13.2厘米。器呈葫芦状，敛口，束腰，平底。通体施青黄釉。

三十五、盒

盒，唐宋时流行的化妆用具，多为粉盒，油盒和盛放香料的香盒，也有盛装铜镜的镜盒。其形状有扁圆形、瓜形、果形、多棱形等多种多样，还有盒中有盒的母子盒。装饰工艺有印花、刻花、划花等应有尽有。纹饰题材有翩翩起舞，自由飞翔的蝴蝶；象征荣华富贵的牡丹，出污泥而不染的莲花，不畏霜寒的菊花，花纹含义无不华美高雅。论其时代特征，唐五代时，器形为器身设子口、腹弧收至底，盖作母口，卧足，盖上附瓜蒂状钮。北宋时，盒的器形是：器扁平，底置撇足，盖面刻缠枝牡丹、鹦鹉、荷花纹或印禽兽纹，也有划纤细的蜂菊、蝴蝶采花等纹样。越窑停烧以后，江西景德镇窑继续烧制这种不可缺少的化妆用具盒。

174 唐代·青瓷划莲花纹盒

高6.2厘米，直径15.9厘米。器物有盖和底两部分组成。盖作母口，器身作子口，两者吻合。器身直壁，近底处斜收，平底。盖面微鼓，面上划莲瓣花卉纹，器底划“ㄨ”符号，施青黄釉，釉面光滑滋润。

唐代·青瓷油盒

高7厘米，直径9.5厘米。扁圆形，敛口，弧唇，平沿，弧腹，低圈足。圆鼓盖面，直套口，盖面中间划一圆圈。施青黄釉。

五代·青瓷刻划牡丹纹粉盒

高6厘米，腹径10.4厘米。器形扁圆，子母口，圈足稍外撇，底内凹，弧形，盖面上刻划缠枝花卉。器形规整，制作精良。施青绿色釉，釉色滋润。

五代·青瓷莲蓬纹粉盒

高6厘米，直径7.3厘米。扁圆形，有盖和底两部分组成，盖作母口，底作子口，盖底上下吻合。盖上刻划莲瓣纹，盖顶堆塑枝莲蓬、荷叶，中置钮。底向下弧收，卧足。施青黄釉，近底处无釉露胎。器形规整，制作精良。

唐·青瓷粉盒

高6.1厘米，口径7.2厘米，底径4.3厘米。

五代·“秘色瓷”盒

直径9.4厘米，高3厘米。器物有盖和底两部分组成，盖作母口，器身作子口，两者吻合。器身直壁，近底处斜收，平底。盖面微鼓，盖面边缘饰一凹弦纹。施青釉。

五代·青瓷粉盒

高3.1厘米。器物有盖和底两部分组成。盖作母口，器身作子口，两者吻合。器身直壁，近底处斜收，平底。盖面边缘饰凹弦纹。施青黄釉。

178 **北宋·青瓷菊瓣纹粉盒**

高5.7厘米。中置瓜藤钮，平底。施青黄釉。

北宋·青瓷刻划牡丹纹粉盒

高5.8厘米。扁圆形，由盖和底组成，盖作母口，底作子口，盖底上下吻合。盖背部刻划牡丹纹，中置钮，卧底。施青釉。其器形和纹饰具有西晋越瓷器特征。

180 **北宋·青瓷三联盒**

高5.8厘米，口径3厘米。三盒相连成三角形，每盒均为子母口，圆腹，平底，馒头形盖，盖上刻划荷叶纹。盖顶堆贴莲蓬，灰白胎。施青绿色釉。

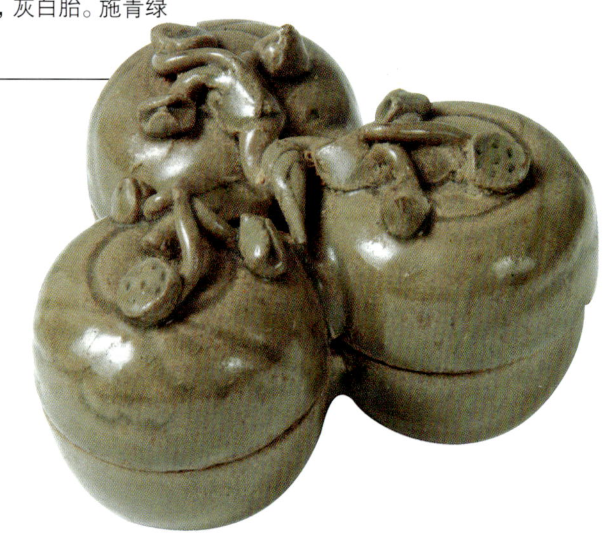

三十六、香熏

香薰，又名“香炉”、“薰炉”。是一种卫生洁具，作辟邪去味，熏衣室用。《汉宫典职仪式选用》载：“尚书郎女侍史二人洁衣服，执香炉烧熏。”这种焚香熏室的习俗，至今还在流传。各地出土越瓷香炉众多，但造型风格各不相同。东汉三国时，有镂孔罐形状的熏炉。西晋时，有形似馒头，上部镂雕出花纹，中间开窗作放香用，底置三足的镂雕香熏。东晋时期的博山炉，炉体为豆形灯盏式。炉盖做成三层重叠交错的山峰，每层四峰，形似升腾的火焰，顶点飞鸟钮，山峰处各镂一个小圆孔，使用时山峦间香烟缭绕，设计巧妙，别有情趣。在杭州临安吴越水丘氏墓中，出土了一件褐彩云纹镂孔鼎炉，它由炉盖、鼎炉、炉座三部分组成，鼎炉为筒腹平宽唇，唇面绘褐色莲瓣纹，腹部绘如意形云纹，底装五个虎头足。盖似将军头盔，盖顶置葫芦形钮，钮与盖顶环镂各种花朵形状并绘褐彩云纹。炉座镂如意形孔和绘彩云。器物制作精良，造型庄重而优美，它代表了五代时期越窑制瓷工艺的最高水平，确实是一件罕见的文物瑰宝。

东汉·青瓷熏炉

口径11.5厘米，底径16.2厘米，高16厘米。敛口，圆唇，鼓腹，平底微凹。肩部划弦纹夹水波纹。腹部镂有三排圆孔。器物造型饱满端正。釉色青绿，纪年墓中出土，可作鉴定年代的标尺。

东汉·青瓷熏炉

高15.9厘米。圆唇，沿微外卷，溜肩，圆腹，平底，肩部附对称的半环形耳，耳面划棱叶纹，口沿下划水纹。腹部五圈镂空。施青灰釉。

三国（吴太平二年）· 青瓷熏炉

口径12.4厘米，底径12.2厘米，高15.6厘米。炉为圆唇，口沿外置两耳，斜肩，鼓腹，饼形假圈足，腹部三周镂空。施青灰釉。

三国·青瓷提梁香薰

高9.9厘米，底径8.7厘米，腹径12.9厘米。直口，低领，溜肩，扁圆腹，饼形假圈足，口沿上置绞索状提梁，肩腹部划二道弦纹和二周镂孔。施青黄釉。

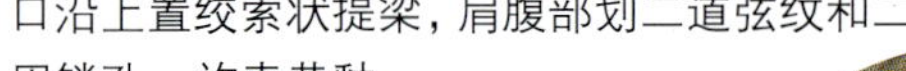

西晋·青瓷点彩香薰

通高17.5厘米，盘口径15.4厘米，盘底口径11厘米。器物由焚香熏冈炉和三足承盘组成，熏炉呈球形，顶部开一小口，上置瓜形小珠，腹部至上而下有四组三角形镂空，内缘呈锯齿状。炉壁镂空三层，孔作凸字形，底附三兽足，烧结在承盘上。承盘平唇宽沿，口微敛，壁斜直，平底微内凹。炉及承盘下均有三个兽蹄形足。熏炉及承盘点褐彩。通体施青灰色釉，釉层微泛青绿，釉面玻璃质感强。

西晋·青瓷提梁香熏

高 15.4 厘米，底径 12.5 厘米。圆唇敛口，口沿下微外翻，折肩，圆筒形直腹，平底，肩部划细密的弦纹，腹部划四道弦纹，弦纹间划一道道斜线，组成一个个棱格，在棱格内镂一圆孔，肩部按一拱形的“T”状提梁。施青黄釉。

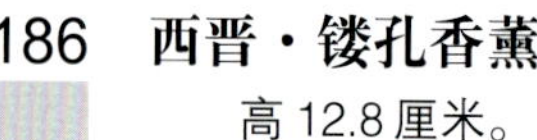

西晋·镂孔香薰

高 12.8 厘米。

东晋·青瓷博山炉

高 18.6 厘米，底径 12.5 厘米。东晋时期，炉体为豆形灯盏状，炉盖作成三层重叠交错的山峰，每层四峰，形似升腾的火焰，山峰边缘划凹线，戳印圆珠纹，顶点飞鸟为钮，钮的边缘及山峰下各镂一个小圆孔，使用时山峦间烟雾缭绕。通体施青釉，胎釉结合牢固。

东晋·青瓷香薰

高14.5厘米，承盘口径15.2厘米，炉口径6厘米，底径11厘米。由熏炉、承轴、承盘三部分连接而成。熏炉为罐装，肩部镂三角形孔，承盘为平唇，弧斜壁，平底，底有柱孔，承柱圆形，柱头置盘口，连接于炉底。施青黄釉。

唐朝·青瓷褐彩如意云纹镂孔熏炉

通高66厘米。全器由盖、炉、座三部分组成。炉盖为盔形，盖钮形似花蕾并镂花孔。盖身上半部镂菱形花孔，下半部有两组各两道阴刻弦纹。炉身为直口，宽平折肩，筒腹，平底，近底处等距离置五只首纹兽足。底座为束腰环形，束腰镂壶门孔。盖、器均绘釉上褐彩如意状云纹。通体施青黄釉。造型别致，为唐代越窑秘色瓷的代表作。

五代·青瓷香薰

高7厘米，口径2.5厘米。器形上部为绽放的荷花，莲瓣作沿，莲蓬镂空作薰，束腰，下部为喇叭形圈足，底内凹，圈足隐隐细刻荷叶及荷花，灰胎。施青釉，釉色均匀，滋润光亮。

北宋·青瓷熏炉

高19.5厘米。熏炉略呈球形，由盖和炉身两部分组成，以子母口扣合，盖呈半球形，盖面饰镂空的缠枝三叶花，盖缘划弦纹，炉身上部划弦纹，下按浅浮雕莲瓣莲花纹。底置圈足，圈足外撇。炉内二行墨书题记：咸平元年茂（戊）戌十一月四日当寺僧绍光括入搭买舍供养童行奉询弟子姜彦从同舍利永光。

三十七、唾壶渣斗

唾壶，亦称唾器，系卫生洁具。越窑在东汉时期已开始烧制瓷质唾壶。瓷唾壶的造型，三国、晋初为大口，圆球腹，高圈足，形似尊。以后逐步演变为盘口，扁圆腹，平底或假圈足。唐五代时为渣斗口，短颈，球腹，低圈足。在六朝墓葬中常有出土，生产的数量也比较大。

西晋·青瓷唾壶

高13厘米。浅盘口，粗短颈，硕腹，喇叭足，肩腹贴铺兽衔环。施青黄釉。

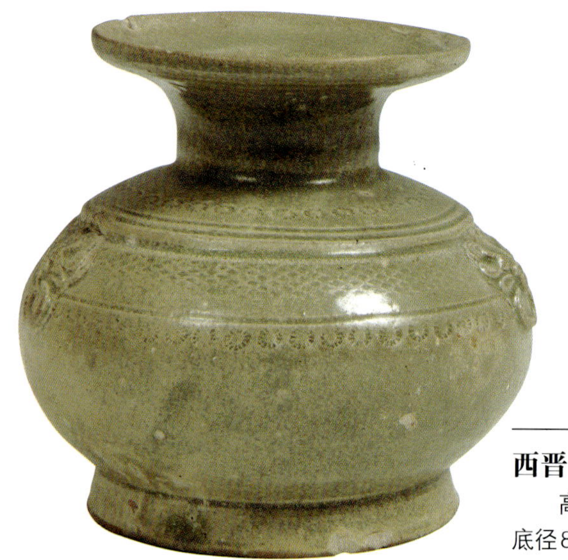

西晋·青瓷唾壶

高10.5厘米，口径8.1厘米，底径8厘米，腹径11.2厘米。浅盘口，粗颈，溜肩，扁圆腹。圈足外撇，肩腹部饰两道联珠纹带，两联珠纹间饰网格纹，贴铺兽衔环。通体施青灰色釉。

东晋·青瓷点彩唾壶

高12.8厘米。深盘口，斜肩，垂腹，饼状足，口沿点褐彩。施青黄釉。

192 东晋·青瓷点彩蛙尊

高11.3厘米。直口，微外敞，鼓腹，底置底饼足，口沿下饰弦纹数道，颈部对称贴竖耳一对，器腹饰蛙首，两侧前、后贴蛙腿，口沿，四只腿部点褐彩。施青黄色釉。

东晋·青瓷点彩蛙尊

高 15.6 厘米，口径 13.8 厘米。直口、鼓腹、平底。颈和腹部饰弦纹数道，颈部对称贴竖耳一对。器腹塑蛙首，两侧前、后贴蛙腿。蛙首会刻弦纹二道为口，口缘及蛙的两眼饰褐色斑点。施青釉，釉色青中带黄。

东晋·青瓷点彩蛙尊

高7.3厘米，口径5.8厘米，底径 4 厘米。圆唇，唇饰蛙尾，两侧各贴前后肢。口沿、蛙头、肢点褐彩。施青灰色釉，近底处无釉露胎呈红褐色，器形规整，保存完整。

南朝·青瓷唾壶

高 15.6 厘米。盘口，粗颈，斜肩，扁圆腹，圆饼形足，腹部划莲瓣纹。施青釉，其器形及莲瓣纹具有南朝越瓷器特征。

南朝·青瓷唾壶

高 8.7 厘米，口径 8.7 厘米，底径 10.7 厘米，腹径 13.4 厘米。盘口，粗短颈，扁圆腹，低饼状足。施青黄釉。

唐朝·青瓷唾壶

高11.4厘米。喇叭口，短颈，溜肩，圆腹，低圈足。施青釉。

五代·青瓷花口唾壶

高10.7厘米，口径14.9厘米，底径6.2厘米。侈口，呈四瓣葵花口状，花口下压四道凹线，短颈，斜肩，圆腹，低圈足。施青釉。

196 五代·“秘色瓷”唾壶

高9.8厘米，口径16.8厘米，底径6.6厘米。敞口，口沿内卷，扁圆腹，圈足微外撇。胎呈灰色，胎质灰白，胎质细腻。通体施青灰釉，釉面润泽，是五代越窑秘色瓷的典型代表。

后记

国运昌，文化兴，欣逢国家大力发展文化软实力，越窑青瓷又越来越被社会广泛重视，我在出版《瓷之源——上虞越窑》之后，鉴于广大读者热忱要求，在家人、朋友和领导的支持下，历经数月的挑灯奋战，天道酬勤，在此2008金秋送爽的丰收季节，终于完成了本书的编著工作。在这本书编写过程中，我始终坚持高标准，严要求，努力做到内容全面，知识新颖，实用性强。在编排上以器物种类为单元，年代先后为顺序，打破了以前图文书籍简单的编排方式，透过不同时期越窑青瓷器物的情形，我们可以在一定程度上了解到当时社会的精神意趣、民俗风习、生活方式等，进而为研究当时社会发展面貌提供了鲜活直接的背景资料。读者在阅读此书过程中，不仅可以领略到越窑青瓷的千峰翠色、似玉类冰，同时还可以增长越窑青瓷的鉴赏和识别能力，可以说此书是知识性和趣味性共存，实用价值和收藏价值俱佳。在编写此书过程中，还参考了《浙江纪年瓷》、《青瓷风韵》、《萧山古陶瓷》、《九如堂古陶瓷藏品》等图录中的资料，在此表示衷心的感谢！

章金焕

2008年于上虞曹娥江畔聚宝阁

图书在版编目（C I P）数据

瓷之魂：越瓷瑰宝／章金焕编著.—杭州：浙江大学出版社，2009.1
ISBN 978-7-308-06531-3

Ⅰ.瓷… Ⅱ.章… Ⅲ.越窑－青瓷（考古）鉴赏－中国 Ⅳ.K876.34

中国版本图书馆 CIP 数据核字（2009）第 006100 号

瓷之魂　越瓷瑰宝

章金焕 编著

责任编辑　刘依群　叶　抒
装帧设计　魏　清
摄　　影　刘育平
出版发行　浙江大学出版社
（杭州天目山路 148 号　邮政编码　310028）
（E-mail:zupress@mail.hz.zj.cn）
（网址：http://www.zjupress.com
http://www.press.zju.edu.cn）
排　　版　杭州开源数码设备有限公司
印　　刷　杭州富春印务有限公司
开　　本　880mm × 1230mm　1/32
印　　张　6.5
字　　数　198 千
版 印 次　2009 年 1 月第 1 版第 1 次印刷
书　　号　ISBN 978-7-308-06531-3
定　　价　50.00 元

版权所有　翻版必究　印装差错　负责调换
浙江大学出版社发行部　邮购电话：0571-88925591